Easy Spanish Reader

William T. Tardy

Illustrated by
George Armstrong

National Textbook Company
a division of NTC/CONTEMPORARY PUBLISHING COMPANY
Lincolnwood, Illinois USA

ISBN: 0-8442-7051-2 (softbound)
ISBN: 0-8442-7035-0 (hardbound)

Published by National Textbook Company,
a division of NTC/Contemporary Publishing Company,
4255 West Touhy Avenue,
Lincolnwood (Chicago), Illinois 60646-1975 U.S.A.
Manufactured in the United States of America.
Library of Congress Catalog Card Number: 73-94492

8 9 VP 9

Preface

The *Easy Spanish Reader* provides material that a student with little knowledge of Spanish can begin reading immediately. The vocabulary is highly controlled and simple. The vast majority of the words in the first section of the book are from Group I of Keniston's Standard List of Spanish Words and Idioms, and cognates have been used throughout, whenever possible. Complex grammatical structures have, for the most part, been avoided.

The *Easy Spanish Reader* is composed of short, interesting lessons, each with questions or different types of exercises, such as true-false, completion, and matching. In addition, the vocabulary, grammar, and information presented in the lessons are reinforced by the *repasos*.

The book is divided into three distinct sections. In the first, we meet María and Enrique, two students at Colegio Buenavista, and follow them to club meetings and parties, on dates, and to their graduation ceremony.

The second section is a brief account of Mexican history, with detailed and vivid depictions of Cortés' early encounters with Aztec civilization, descriptions of colonial life, the colorful interlude of Maximiliano and Carlota's failed attempt at an empire—plus a summary of events up to the present, including the stormy Revolutionary period and Mexico's striking entry into the contemporary world.

In the third section, there is a simplified adaptation of the great Spanish picaresque novel, *Lazarillo de Tormes.*

The *Easy Spanish Reader,* with texts that gradually progress in difficulty, motivates students and introduces them to reading at an early stage of language learning. Thus, the *Easy Spanish Reader* is an excellent supplement to any Spanish program

Contents

La primera sección

Enrique y María

1 Enrique y María

alumno student	**en** in
amigo friend	**Enrique** Henry
apellido last name	**es** is
bueno good	**español** Spaniard; Spanish
colegio high school	**Estados Unidos** United States
de of, from	**hay** there is, there are
del (de + el) of the	**inteligentes** intelligent
dos two	**muchos** many
él he	**muy** very
el, los the	**son** are
ellos they	**y** and

Enrique es español. Él es amigo de María. Ellos son muy buenos amigos. María es de los Estados Unidos. El apellido de Enrique es Pereda. El apellido de María es Jackson.

Enrique y María son alumnos del Colegio Buenavista. Ellos son alumnos muy buenos y muy inteligentes. Hay muchos alumnos en el colegio.

Completion
Complete the following sentences by inserting the correct words.
1. Enrique .... español.
2. El .... de Enrique es Pereda.
3. María es de los ....
4. El .... de María es Jackson.
5. Enrique y María .... amigos.
6. Ellos .... alumnos del Colegio Buenavista.
7. Ellos son alumnos muy .... y muy ....
8. Hay muchos .... en el colegio.

3

2 Los estudios

año year	**habla** speaks
como as, like	**inglés** English
con with	**interesada** interested
cuarto fourth	**más** more
curso course	**mucho** much
ella she	**perfectamente** perfectly
está is	**pero** but
están are	**practica** practices
estudia studies	**también** too, also

Enrique y María están en el cuarto año del colegio. María está en el cuarto año del curso de español también. Ella estudia mucho el español. Como Enrique es español, él no estudia el español; él estudia el inglés. María estudia el inglés también, pero ella está más interesada en el español.

María habla inglés perfectamente, pero ella no habla español perfectamente. Enrique habla español perfectamente, pero él no habla inglés perfectamente.

Como Enrique y María son muy buenos amigos, Enrique practica el inglés con María. María practica el español con Enrique. Enrique estudia mucho el inglés, pero María estudia más el español.

Matching
Match a phrase from column A to one from column B to form a sentence.

A	B
1. Enrique no	el inglés con María.
2. María	pero María estudia el español.
3. Enrique y María	estudia el español.
4. Enrique practica	son buenos amigos.
5. Enrique estudia mucho el inglés	hablan inglés perfectamente.

4

3 Las clases de español

aprenden learn	**hay** there is, there are
clases classes	**interesados** interested
española Spanish	**la** the
estudian study	**muchas, muchos** many
hablan speak	**que** who, that

Muchos alumnos estudian el español en el colegio de Enrique y María. Hay muchas clases de español. Los alumnos, que son inteligentes y que estudian mucho, aprenden mucho. Los alumnos están interesados en la literatura española en la clase de español del cuarto año. Ellos estudian mucho la literatura.

Los alumnos no hablan inglés en la clase de español. Ellos hablan inglés en la clase de inglés y hablan español en la clase de español. María habla español en la clase de español y también con Enrique. Enrique habla inglés en todas las clases, pero habla inglés y español con María.

Word Scramble
Unscramble the words to form a sentence.
1. muchas/de/Hay/español./clases
2. literatura/Los/la/española./estudian/alumnos
3. habla/con/María./español/Enrique
4. Los/inteligentes/mucho./aprenden/alumnos
5. alumnos/el/estudian/Muchos/español.

4 La familia de Enrique

casa house	**norteamericanos** North American
dos two	**padre** father
escuela school	**porque** because
están are	**practican** practice
familia family	**tiene** has
grande big	**todos** all (of them)
hermanas sisters	**un, una** a, an
hermanos brothers	**vive** live, lives

La familia de Enrique Pereda es grande. Enrique tiene un padre, una madre, dos hermanos y dos hermanas.

Porque la familia es grande, la casa en que vive es grande también.

Los hermanos y las hermanas de Enrique están en la escuela. Ellos estudian y aprenden mucho. Todos hablan con los alumnos norteamericanos y practican el inglés con ellos. Pero hablan español en casa.

Multiple Choice

Choose the correct word or words that complete each sentence according to the reading.

1. Enrique vive en una casa ....
   a. española
   b. de alumnos inteligentes
   c. grande
2. La familia de Enrique .... grande.
   a. son
   b. es
   c. está
3. Enrique tiene ....
   a. dos padres y una madre
   b. dos hermanos y una hermana
   c. dos hermanas y dos hermanos

4. Los hermanos de Enrique están en la ....
   a. escuela
   b. colegio
   c. cuarto año de español
5. Los hermanos y las hermanas .... español en casa.
   a. aprenden
   b. practican
   c. hablan

Los padres de Enrique en un
restaurante español

5 Los amigos de la familia Pereda

España Spain	**porque** because
españoles Spanish, Spaniards	**tienen** have
mexicanos Mexican	**viven** live
ni nor	

Los hermanos y las hermanas de Enrique tienen muchos amigos norteamericanos, pero no tienen muchos amigos españoles ni mexicanos. No hay muchos alumnos españoles ni mexicanos en la escuela. Hablan inglés con los norteamericanos y hablan español con los españoles y mexicanos. Todos estudian el inglés en la escuela, pero no estudian el español porque hablan español perfectamente.

El padre y la madre de Enrique viven en los Estados Unidos, pero son españoles. Tienen muchos amigos en España, en México y en los Estados Unidos. Pero todos los amigos de los hermanos y las hermanas de Enrique viven en los Estados Unidos.

Completion
Complete the following with the correct ending of the verb. (Underline the subject in each sentence.)

1. Los hermanos y las hermanas tien............. muchos amigos.
2. Un hermano de Enrique estudi....... el inglés.
3. El padre de Enrique viv....... en los Estados Unidos.
4. Las hermanas habl............. inglés en la escuela.
5. Todos los amigos de los hermanos viv............. en los Estados Unidos.
6. Enrique tien....... dos hermanas.
7. María habl....... español con Enrique.
8. Los alumnos inteligentes aprend............. mucho.
9. La familia de Enrique viv....... en una casa grande.
10. El padre y la madre no estudi............. en la escuela.

6 La familia de María

automóviles automobiles	**médico** doctor
criada maid	**muy** very
cuando when	**personas** people
excepto except	**que** who
famoso famous	**rico** rich
se llama is named	**tres** three

El padre de María es un médico muy famoso. Es el doctor Jackson. Hay tres personas en la familia del doctor: el padre, la madre y María. La madre se llama Anita. María no tiene hermanos ni hermanas.

El padre de María es muy rico. Tiene una criada y dos automóviles. La criada se llama Julieta.

La familia tiene muchos amigos. Todos los amigos del padre y de la madre son norteamericanos excepto Enrique, que es español. El padre y la madre de María no hablan español. Ellos hablan inglés, pero María habla inglés y español. Enrique habla inglés con el padre y la madre de María. Pero cuando habla con María, él habla español.

Replace the Word

Replace the English word(s) in parentheses with the appropriate word(s) in Spanish.

1. El padre de María (is) famoso.
2. (There are) tres personas en la familia Jackson.
3. La madre (is named) Anita.
4. María (speaks) inglés y español.
5. Los amigos del doctor Jackson (are) norteamericanos.

7 La casa de la familia Jackson

cocina kitchen	**muebles** furniture
comedor dining room	**para** for
cuartos rooms	**sala** living room
cuartos de baño bathrooms	**si** if
dormitorios bedrooms	**tan** as
de visita visiting	**uno** one
hermosa, hermoso, hermosos beautiful	

La familia de María no es tan grande como la familia de Enrique. Pero la casa en que vive María es más grande que la casa en que vive Enrique.

La casa del doctor Jackson tiene muchos cuartos. Tiene una sala, un comedor, una cocina, tres dormitorios y dos cuartos de baño. Uno de los dormitorios es para el padre y la madre de María, uno es para María y uno es para la criada. La casa es hermosa y los muebles son hermosos también.

María estudia en la sala cuando no hay amigos de visita en la casa. Cuando hay amigos de visita en la casa, ella no estudia; habla con los amigos. Habla inglés con ellos si son norteamericanos, pero cuando Enrique está de visita, habla español con él.

Todos los cuartos de la casa son muy grandes y hermosos, pero la sala es el más grande y más hermoso de todos.

Correct the Word

The italicized word(s) in each sentence are not in their correct form. Rewrite each sentence making all the necessary changes.

1. La casa de María *son* más grande que la casa de Enrique.
2. La casa es muy *hermosos.*
3. Cuando hay amigos de visita, María no *estudian; él* habla con los amigos.
4. Todos los cuartos *es* muy *grande.*
5. *El* sala es el cuarto más *hermosa* de todos.

Repaso 1

Enrique y María son alumnos de un colegio grande. Hay muchos alumnos en el colegio. Enrique es español y María es norteamericana. Los dos alumnos son muy buenos amigos.

Los dos amigos están en el cuarto año del colegio. Enrique no estudia el español porque habla español perfectamente, pero él estudia el inglés y está en la clase del cuarto año. María estudia el inglés también, pero ella está más interesada en el español y está en la clase del cuarto año.

Como los dos alumnos son muy buenos amigos, María practica el español con Enrique y Enrique practica el inglés con María. También aprenden mucho en las clases del colegio porque son muy inteligentes y estudian mucho. Hablan inglés con los alumnos norteamericanos y hablan español con los alumnos españoles y mexicanos.

La familia de Enrique es grande. Él tiene dos hermanos y dos hermanas. El apellido de Enrique es Pereda. El padre y la madre de Enrique son españoles, pero viven en los Estados Unidos. El padre y la madre tienen muchos amigos en España, en los Estados Unidos y en México. Todos los amigos de Enrique viven en los Estados Unidos. Ellos hablan español con los amigos norteamericanos.

El apellido de María es Jackson. El padre de María es un médico muy famoso. La madre se llama Anita. La familia de María no es tan grande como la familia de Enrique porque ella no tiene hermanos ni hermanas. Todos los amigos de la familia de María son norteamericanos excepto Enrique, que es español.

Enrique habla inglés con el padre y la madre de María porque ellos no hablan español. Pero él habla español con María porque ella está muy interesada en el español.

La casa en que vive María es muy grande. La sala y los tres dormitorios son grandes también.

Cuando hay amigos de visita en la casa, María habla con

ellos en la sala y no estudia. Cuando no hay amigos de visita, María estudia en la sala.

Questions

Answer the questions in complete sentences.

1. ¿En qué escuela son alumnos Enrique y María?
2. ¿Quién es español?
3. ¿Quién es norteamericana?
4. ¿En qué año de la escuela están los dos amigos?
5. ¿Qué estudia Enrique?
6. ¿Qué estudia María?
7. ¿Qué hablan Enrique y María con los alumnos norteamericanos?
8. ¿Qué hablan con los alumnos españoles y mexicanos?
9. ¿Cuál es más grande, la familia de Enrique o la familia de María?
10. ¿Cuántos hermanos tiene Enrique?
11. ¿Cuántas hermanas tiene?
12. ¿Tiene María hermanos o hermanas?
13. ¿Cómo se llama el padre de Enrique?
14. ¿Cómo se llama la madre de María?
15. ¿Habla Enrique español o inglés con el padre y la madre de María?
16. ¿Qué habla con María?
17. ¿Cuántos dormitorios tiene la casa de María?
18. ¿Cuántas salas tiene?
19. ¿Dónde estudia María?
20. ¿Dónde estudia María cuando hay amigos de visita en la casa?

8 El Colegio Buenavista

algunos some
asignaturas subjects
auditorio auditorium
ciencias sciences
se enseñan are taught
historia history
idiomas languages
ladrillo brick
lenguas languages
matemáticas mathematics

naturalmente naturally
oficina office
otras other
pisos floors, stories (bldg.)
profesora, profesoras teacher, teachers (f.)
profesores teachers
rojo red
sala de clase classroom

El colegio de Enrique y María es muy grande. Hay muchos profesores y muchos alumnos. La escuela es de ladrillo rojo y tiene tres pisos. Tiene muchas salas de clase, tres salas de estudio, un auditorio muy grande, un comedor grande y una oficina para el director de la escuela.

Se enseñan muchas asignaturas en la escuela, como las ciencias, las matemáticas, la historia, las lenguas y otras. Todos los alumnos estudian el inglés y muchos estudian otros idiomas también.

Hay dos salas de clase para el español y tres profesoras de español.

Enrique y María están en el cuarto año del colegio. Enrique estudia la historia de los Estados Unidos, las matemáticas, el inglés y el latín. Él está más interesado en el inglés. Él aprende mucho.

María estudia el inglés, la historia de la América del Sur, el álgebra y el español. Ella está más interesada en el español. Ella aprende mucho.

Algunos de los alumnos no estudian mucho, pero Enrique, María y muchos otros estudian y aprenden mucho. Naturalmente, los alumnos que no estudian, no aprenden mucho.

True or False

Write «sí» if the following sentences are true according to the reading. If they are false, rewrite them making the necessary corrections.

1. El colegio de Enrique y María no es grande.
2. La escuela es de ladrillo rojo y tiene dos pisos.
3. Se enseñan muchas asignaturas como las ciencias, las matemáticas y las lenguas.
4. Enrique estudia las matemáticas, las ciencias, el inglés y el latín.
5. María está muy interesada en el álgebra.

Cervantes y don Quijote

Sally Klupar

9 En las clases

escuela primaria grade school	**hermana** sister
estadounidenses of the United States	**hermano** brother
	ni...ni neither...nor
francés French	**otra** other
francesa French(woman)	**otro, otros** other, others

En las clases de español, todos los alumnos hablan español. En las clases de francés, hablan francés. Pero en todas las otras clases, hablan inglés. Como Enrique no estudia ni el español ni el francés, habla inglés en todas las clases que él tiene. También, él habla inglés con todos los alumnos excepto María.

Enrique tiene un hermano y una hermana en el colegio. El otro hermano y la otra hermana están en una escuela primaria. María no tiene ni hermanos ni hermanas, pero tiene muchos amigos en el colegio. Ella habla inglés con todos los profesores excepto la profesora de español y con todos los alumnos excepto Enrique.

La profesora de francés es francesa, pero todos los otros profesores de la escuela son estadounidenses. Las tres profesoras de español hablan español, pero son estadounidenses también.

Word Scramble
Unscramble the words to form a sentence.
1. no/ni/Enrique/el español/ni/estudia/el francés.
2. habla/con/los/María/profesores./inglés/todos
3. francesa./La/de/es/profesora/francés
4. otros/estadounidenses./Los/son/profesores
5. están/Los/Enrique/primaria./hermanos/en/escuela/de/una

10 La clase del cuarto año

algunas some	**escriben** write
amigo friend	**estos** these
amor love	**interesantes** interesting
aprende de memoria memo-rize	**joven** young
a veces sometimes	**libro, libros** book, books
bien well	**novela** novel
bonita pretty	**nunca** never
composiciones compositions	**poemas** poems
cuatro four	**señor** Mr.
chileno, chilenos Chilean, of Chile	**señorita** Miss, Ms.
ensayos essays	**siempre** always
	sobre about
	varios various

La profesora de la clase de español del cuarto año es la señorita Luisa Scott. La señorita Scott es estadounidense. Ella es joven y bonita. Ella habla español muy bien.

Algunas de las clases de español son muy grandes. Pero la clase del cuarto año no es grande porque no hay muchos alumnos que estudian el español cuatro años.

Sólo los alumnos como María, que están muy interesados en el idioma, estudian el español tres o cuatro años. Los otros alumnos sólo estudian el idioma uno o dos años.

Los alumnos de la señorita Scott estudian varios libros. Uno de los libros es de ensayos. Otro libro es una novela de la Argentina que se llama *Amalia;* otro es *Don Quijote* y otro es de varios dramas.

La profesora y los alumnos siempre hablan español en la clase. Los alumnos siempre escriben sus composiciones en español también. Los alumnos nunca hablan inglés en la clase de español, y nunca escriben las composiciones en inglés.

A veces, un amigo de la señorita Scott habla con los alumnos del cuarto año. El amigo es un poeta chileno. Se

llama Rafael Hernández. El señor Hernández habla español
con los alumnos. Algunos alumnos aprenden de memoria los
poemas chilenos. Estos poemas son interesantes para María.
Son poemas de amor. Ella aprende de memoria varios poemas
del señor Hernández. María y algunos alumnos escriben composiciones en español sobre los poemas chilenos.

Multiple Choice

Choose the correct word or words that complete each sentence according to the reading.

1. La señorita Scott es ....
   a. francesa
   b. estadounidense
   c. mexicana
2. Ella es la .... de la clase de español del cuarto año.
   a. alumna
   b. poeta
   c. profesora
3. Sólo los alumnos muy interesados en ....
   estudian el español cuatro años.
   a. el idioma
   b. el libro
   c. la historia
4. María .... algunos poemas chilenos.
   a. aprenden de memoria
   b. habla mucho
   c. aprende de memoria
5. La señorita Scott .... habla español con los alumnos
   del cuarto año.
   a. siempre
   b. a veces
   c. nunca
6. Los alumnos .... escriben sus composiciones para
   la señorita Scott en inglés.
   a. siempre
   b. nunca
   c. a veces

11 En la sala de la clase de español

autor author
blancas white
bolígrafos ballpoint pens
café brown
cartas letters
carteles posters
cerca de near
cuadernos notebooks
cuadro picture
esa this
esas these
escritorio desk
especialmente especially
estante bookcase
grabación, grabaciones recording, recordings

grabadora tape recorder
hace, hacen makes, make
lápiz, lápices pencil, pencils
mapa, mapas map, maps
mesas tables
pared, paredes wall, walls
pizarras blackboards
pluma pen
puerta door
reloj clock
silla chair
ventanas windows
verde green
vistas views

Hay dos salas para las clases de español en la escuela de Enrique y María. En la sala para la clase del cuarto año de español, hay una puerta y tres ventanas muy grandes. Hay tres pizarras en la sala de clase. Las pizarras son verdes y las paredes son blancas.

La profesora de español tiene un escritorio. Los alumnos tienen mesas. El color de las sillas es café. El escritorio de la señorita Scott es de color café también.

En el escritorio de la señorita Scott, hay tres libros, dos diccionarios, varios lápices y una pluma. Ella hace correcciones en los cuadernos de los alumnos con una pluma. Uno de los libros es de la gramática española y los otros dos libros son de dramas españoles. Cerca del escritorio de la señorita Scott, hay una grabadora. La señorita Scott hace grabaciones de los alumnos del cuarto año. Ella también hace grabaciones de su amigo, el poeta chileno.

En la pared hay un reloj grande, un cuadro y dos carteles. El cuadro es de Miguel de Cervantes, autor de *Don Quijote*. Los dos carteles son de vistas de España. También en la pared, hay dos mapas. Uno de los mapas es de España y el otro es de la América del Sur. De los mapas, los alumnos aprenden mucho de la geografía de España y de la América del Sur.

Con los bolígrafos, los alumnos escriben composiciones sobre la geografía. Algunos escriben cartas a alumnos en Puerto Rico. No escriben ni las cartas ni las composiciones con lápiz.

Algunos de los alumnos del cuarto año de español escriben composiciones sobre la historia de la América del Sur. La historia es muy interesante para ellos porque ellos aprenden mucho de los héroes de esas naciones. María estudia la historia de la América del Sur. Está especialmente interesada en la historia de México.

Correct the Word

The italicized word(s) in each sentence are not in their correct form. Rewrite each sentence making all the necessary changes.

1. Hay tres *pizarra* en la sala de clase.
2. *La* paredes son *blancos*.
3. María *tienen* cuatro *lápiz*.
4. Los alumnos *aprende muchos* de la geografía.
5. María *escriben* cartas a alumnos de Puerto Rico.
6. *Algunas* de los alumnos *escribe* composiciones sobre *el* historia de la América *de la* Sur.
7. María está *especial* interesada en las grabaciones.
8. La señorita Scott *hacen* correcciones en los *cuaderno* de los alumnos.
9. La *profesores* tiene *una* escritorio.
10. *El* grabadora está cerca del escritorio *del* señorita Scott.

12 *Los aventureros*

adelantados advanced	**fiestas** parties
al (a + el) of the	**horas** hours
aventureros adventurers	**mes** month
bailan dance	**reuniones** meetings
bailes dances	**socios** members
canciones songs	**son** are (take place)
comen eat	**tercer** third
de habla española Spanish-	**tesorero** treasurer
speaking	**una vez** once
después de after	**veces** times
estudio study	

En el colegio de Enrique y María hay un club español que se llama *Los aventureros*. El club es para los alumnos adelantados en el estudio del español. Los alumnos del tercer y cuarto año son socios. También los alumnos de habla española del colegio son socios del club.

Enrique es el presidente de *Los aventureros* y María es la secretaria. Una alumna mexicana es la vicepresidenta y un alumno del tercer año es el tesorero.

En los programas de *Los aventureros,* los socios hablan español, bailan los bailes más modernos, aprenden canciones españolas de memoria, y hacen presentaciones para los otros alumnos del colegio.

Las reuniones son en la sala de la casa de María. A veces son en la casa de la señorita Scott después de las horas de escuela.

Una vez al mes, los socios tienen un programa social. Algunas veces, comen en un restaurante mexicano; otras veces tienen fiestas de bailes y de canciones. Los socios siempre hablan español en las reuniones; nunca hablan inglés.

Fill in the Blanks

Fill in the blanks with the appropriate word(s) to complete the sentence.

1. El ....español se llama *Los aventureros*.
2. *Los aventureros* es para los alumnos ....
3. Los alumnos del .... y del .... años son so-
   ҫios de *Los aventureros*.
4. Enrique es .... y María es ....
5. En los programas, los socios .... los bailes más modernos.
6. Las .... son en la sala de la casa de María.
7. A veces son en la casa de la señorita Scott ....
   las horas de escuela.
8. Algunas veces, los socios .... en un restaurante mexicano.
9. Otras veces tienen .... de bailes y de canciones.
10. Los socios .... hablan español en los programas;
    .... hablan inglés.

Repaso 2

El colegio de Enrique y María es de ladrillo rojo. Tiene tres pisos. Hay muchos profesores y muchos alumnos en la escuela. Los cuartos de la escuela son: las salas de clase, las salas de estudio, el auditorio, el comedor y la oficina del director. Algunas de las asignaturas que se enseñan en la escuela son: las lenguas, las matemáticas, la historia y las ciencias.

Enrique estudia la historia, las matemáticas y dos idiomas: el inglés y el latín. María estudia la historia, las matemáticas, el inglés y el español.

En la clase de español del cuarto año, la profesora y todos los alumnos hablan español, y en las clases de francés, la profesora y todos los alumnos hablan francés. Pero en todas las otras clases del colegio, los profesores y los alumnos hablan inglés. Todos los profesores son estadounidenses excepto la profesora de francés, que es francesa.

La profesora de español de la clase de María se llama la señorita Scott. Los alumnos de la clase estudian varios libros. Uno de los libros es de ensayos, dos de ellos son novelas y otros son dramas.

A veces, un poeta chileno habla con la clase de la señorita Scott. María aprende de memoria algunos poemas de amor. Ella y los otros alumnos escriben composiciones en español sobre los poemas chilenos.

La sala de la clase de la señorita Scott tiene tres ventanas y una puerta. La profesora tiene un escritorio y los alumnos tienen mesas. En el escritorio de la profesora hay tres libros, dos diccionarios, varios lápices y una pluma. En las paredes hay tres pizarras, un reloj, un cuadro y dos carteles.

Enrique y María son socios de un club que se llama *Los aventureros*. Todos los alumnos adelantados en el estudio del español y todos los españoles y mexicanos del colegio son socios del club. Enrique es el presidente del club y María es la secretaria. Los programas de *Los aventureros* son muy interesantes y los alumnos practican mucho el español en las reuniones.

Questions

Answer the questions in complete sentences.

1. ¿Cuántos pisos tiene el colegio?
2. ¿Cuáles son los cuartos de la escuela?
3. ¿Cuáles son algunas de las asignaturas que se enseñan?
4. ¿Qué estudia Enrique?
5. ¿Qué estudia María?
6. ¿Qué hablan los alumnos en la clase de español de María?
7. ¿Hablan español los alumnos en las clases de francés?
8. ¿Cómo se llama la profesora de español de María?
9. ¿Cuáles son los libros de español que estudia María?
10. ¿Quién habla a veces con la clase de la señorita Scott?
11. ¿Qué escribe él?
12. ¿Está interesada María en los poemas?
13. ¿Qué escribe ella?
14. Con la grabadora, ¿qué hace la señorita Scott del amigo y de los alumnos del cuarto año?
15. ¿Cuántas ventanas hay en la sala de clase de la profesora Scott?
16. ¿De qué color son las mesas y el escritorio?
17. ¿Qué hay en el escritorio de la profesora?
18. ¿Qué hay en las paredes?
19. ¿Cómo se llama el club español?
20. ¿Quiénes son los socios del club?
21. ¿Quién es el presidente del club?
22. ¿Quién es la secretaria del club?

13 Linda, la alumna nueva

a to	**pregunta** asks
abuelos grandparents	**primero** first
alumna student	**puedes** you can
aprender to learn	**¡qué bueno!** how nice!, good!
¿a qué hora? (at) what time?	
bailamos we dance	**¿quieres...?** do you want...?
cantamos we sing	**quiero** I want
cantar to sing	**sábado** Saturday
contesta answers	**¿sabes...?** do you know...?
día day	**sé** I know
dice says	**sí** yes
¿dónde? where?	**las siete y media** seven thirty 7:30
eres you are	
este this	**soy** I am
ir to go	**tengo** I have
mis my	**tengo que** I have to
nosotros us	**¿tienes...?** do you have...?
nueva new	**tienes que** you have to
padres parents	**tú** you (fam.)
podemos we can	

Hay una alumna nueva en el Colegio Buenavista. Ella se llama Linda Miraflores.

Un día, después de las horas de escuela, Enrique y María hablan con ella en español.

—¿De dónde eres?— pregunta María.

—Soy de Puerto Rico, de Ponce— contesta ella.

—¿Tienes hermanos?— pregunta Enrique.

—Sí, tengo tres hermanos y cuatro hermanas. Tengo una familia muy grande. Mis abuelos viven con nosotros también— contesta Linda.

—¡Qué bueno! Yo no tengo ni hermanos ni hermanas— dice María.

—Linda— dice Enrique, —hay una fiesta este sábado para los socios de *Los aventureros*. Todos los socios hablan español. Y los programas siempre son muy interesantes. ¿Quieres ir con nosotros?

—No sé— dice Linda.

—Sí, sí, tienes que ir. Cantamos y bailamos en las fiestas. ¿Sabes muchas canciones de Puerto Rico?— pregunta María.

—Sí, sé varias canciones— contesta ella.

—¡Qué bueno!— dice Enrique. —Tú puedes cantar para los socios del club. Podemos aprender las canciones de Puerto Rico.

—¿A qué hora es la fiesta?— pregunta Linda.

—A las siete y media— contesta Enrique.

—Sí, quiero ir. Pero tengo que hablar con mis padres primero— dice Linda.

Matching

Match a phrase from column A to one from column B to form a sentence.

A	B
1. Mis abuelos	hablar con mis padres.
2. ¿Quieres ir	canciones de Puerto Rico?
3. ¿Tienes	viven con nosotros.
4. Todos los socios	es la fiesta?
5. Soy de	a la fiesta este sábado?
6. Tengo que	nueva en el colegio.
7. ¿A qué hora	familia muy grande.
8. Hay una alumna	Puerto Rico.
9. ¿Sabes muchas	hablan español.
10. Tengo una	hermanos?

14 La mala suerte de Enrique

ahora now	**nada** nothing
centro downtown	**negros** black
¿cómo? how?	**noviembre** November
común common	**poco** little
cuarto fifteen; quarter (time)	**quince** fifteen
diez ten	**sale, salen** leaves, leave
empieza begins	**señora** Mrs., Ms.
entra, entran enters, enter	**se sienta** sits down
espera waits	**tarde** afternoon
hoy today	**trabajar** to work
impaciente impatient	**trece** thirteen
lunes Monday	**va** is going
llega arrives	**ver** to see
mala bad	**verdad** true, truth
menos less	**viernes** Friday
minutos minutes	**voy** I am going
mira looks at	

Enrique tiene una reunión con el director de la escuela. La reunión es para las tres y media de la tarde.

Enrique llega a la oficina a las tres y cuarto. Se sienta en una silla y espera. Espera quince minutos, pero el director no llega.

Espera quince minutos más. Espera y espera en la oficina. Está un poco impaciente. Muchos alumnos entran en la oficina y después salen de la oficina. Pero no llega el director.

La señorita Scott entra en la oficina. Enrique habla con ella en español. Los dos hablan del club de *Los aventureros*. Hablan de los programas y de las fiestas del club. Después de diez minutos, la señorita Scott sale de la oficina.

Enrique mira el reloj. Son las cuatro menos cinco. Se sienta y espera. Ahora está muy impaciente.

A las cuatro, la secretaria del director entra en la oficina. Ella empieza a trabajar. No llega el director.

A las cuatro y cuarto, Enrique pregunta a la secretaria:

—¿Dónde está el director? Tengo una reunión con él. Espero y espero, pero él no llega. ¿Dónde está?

—Él está en el centro en una reunión de directores de escuelas— contesta la secretaria.

—¿Cómo es posible? Yo tengo una reunión con él para esta tarde— dice Enrique.

—Un momento. Voy a ver el calendario del director— dice ella.

Enrique se sienta y espera más.

—Tú eres Enrique Pereda, ¿no?— pregunta la secretaria.

—Sí, señora.

—Tienes una reunión con él a las tres y media de la tarde, ¿no?

—Sí, sí— dice Enrique. Ahora está muy, muy impaciente.

—La hora es correcta. Pero la reunión es para el lunes. No es para hoy— responde la secretaria.

—¡Ay, caramba! Hoy es viernes, el trece de noviembre. Tengo mala suerte— dice Enrique.

—Sí, es verdad. Pero en un viernes, día trece, es común tener mala suerte— dice la secretaria.

—Sí, yo sé muy bien. Hasta lunes, señora.

—Hasta lunes, Enrique.

Enrique sale de la oficina y no dice nada.

Replace the Word

Replace the English word(s) in parentheses with the appropriate word(s) in Spanish.

1. Enrique tiene (a meeting) con el director de la escuela.
2. Llega a la oficina (at four-thirty).
3. Enrique espera (fifteen minutes).
4. La señorita Scott (looks at) el reloj.
5. ¿Tú (are) la secretaria?
6. La reunión es para (Monday).
7. (I have) mala suerte.
8. El director (leaves) la oficina.
9. Sí, es (true).
10. Hoy es (Friday, November thirteen).

15 Los deportes

algún some	**jóvenes** teenagers
aquí here	**se juega** is played, are played
así so	**juegan** play
beisbol baseball	**jugadores** players
cada each	**latinos** latin
campeonato championship	**leo** I read
ciudad city	**mejores** better, best
se considera is considered	**otoño** autumn
corrida de toros bullfight	**país, países** country, countries
¿crees...? do you think (believe)...?	**partido** game
creo I think	**periódico** newspaper
deporte, deportes sport, sports	**¿por qué...?** why...?
entonces then	**practicar** to practice
equipo team	**prefieres** you prefer
estoy de acuerdo I agree	**propios** own
fuerte strong	**queremos** we want
futbol football, soccer	**ser** to be
ganamos we win	**sus** their
ganar to win	**tal vez** maybe
invierno winter	**tienes razón** you are right

Como Enrique es grande y fuerte, es uno de los mejores jugadores de futbol del Colegio Buenavista. Él tiene tres años de experiencia en el deporte y este año es el capitán del equipo. El equipo del colegio es bueno porque todos los jugadores son buenos.

—Los españoles y los mexicanos juegan al futbol también, ¿verdad?— pregunta María una tarde.

—Sí, pero el futbol a que juegan los jóvenes españoles y mexicanos es el deporte que aquí se llama «soccer»— responde Enrique. —El futbol de aquí se juega en el otoño y en el invierno, pero el futbol de ellos se juega todo el año.

—En los países latinos, el «soccer» es más popular que el futbol de aquí, entonces. Pero leo más y más en el periódico que los jóvenes latinos juegan deportes que son de los Estados Unidos— dice María. —Creo que algún día, el futbol va a ser tan popular en los países latinos como el «soccer».

—No, no estoy de acuerdo— contesta Enrique.

—¿Por qué no?— pregunta María. —En los países de habla española se juega al golf, al beisbol y al tenis.

—Sí, pero los jóvenes de otros países tienen sus propios deportes también. Ellos juegan deportes como el pato y el jai alai. Y la corrida de toros es el deporte nacional de España. ¿Crees tú también que la corrida de toros puede ser tan popular en los Estados Unidos como en España?— pregunta Enrique.

—No. Tal vez, tienes razón. Los jóvenes de cada país tienen sus deportes favoritos. Así como tú prefieres el futbol, ¿verdad?

—Sí, y ahora tengo que practicar mucho. Queremos ganar el partido este viernes— responde Enrique. —Si ganamos el partido, ganamos el campeonato de la ciudad.

True or False

Write «sí» if the following sentences are true according to the reading. If they are false, rewrite them making the necessary corrections.

1. El futbol de países latinos se llama «football».
2. El futbol de los Estados Unidos se juega en noviembre y en el invierno.
3. Los jóvenes latinos juegan al futbol todo el año.
4. La corrida de toros es el deporte nacional de España.
5. Los jóvenes de cada país tienen sus campeonatos favoritos.
6. Enrique dice: —Queremos ganar el deporte este viernes.
7. Los jóvenes de otros países tienen sus propios deportes.
8. En los partidos de habla española, se juega al golf, al beisbol y al tenis.
9. Enrique es uno de los mejores equipos de futbol del colegio.
10. Él tiene tres años de experiencia en el deporte.

16 Un concurso declamatorio

anual annual
concurso contest
consiste en consists of
copa cup
decidir to decide
declamación declamation, recitation
declamatorio declamatory
escogen choose
gran big

jueces judges
largos long
mejor best
plata silver
poesía poetry
por by, for
preliminar preliminary
recibe receives
recitan recite
representada represented

Los seis colegios de la ciudad de Enrique y María tienen un concurso anual de declamación de poesía española.

Todos los años, muchos de los alumnos de español de los colegios aprenden de memoria largos poemas españoles. Entonces hay un concurso preliminar en cada escuela. Varios jueces de habla española escogen de cada escuela al alumno que hace la mejor declamación.

Después, hay un concurso final en uno de los colegios para decidir el campeonato de la ciudad. La noche del concurso hay una gran fiesta que consiste en un programa de música española y mexicana, y de bailes y canciones españoles. Después de este programa, los mejores alumnos de las seis escuelas hacen sus declamaciones. Uno por uno recitan sus poemas, y los jueces de habla española escogen al alumno que hace la mejor declamación. La escuela representada por este alumno recibe una copa muy grande de plata.

En el último concurso declamatorio, María gana la copa por la declamación del poema «La canción del pirata», del poeta español José de Espronceda.

True or False

Write «sí» if the following sentences are true according to the reading. If they are false, rewrite them making the necessary corrections.

1. Las seis escuelas primarias de la ciudad de Enrique y María tienen un concurso anual.
2. Es un concurso de la declamación de poesía chilena.
3. Muchos alumnos de español aprenden de memoria largos poemas.
4. Hay un concurso final en cada escuela.
5. Varios jueces de habla española escogen al alumno que hace la mejor declamación de cada escuela.
6. Hay un concurso preliminar para decidir el campeonato de la ciudad.
7. La noche del concurso hay una gran fiesta.
8. Los alumnos recitan sus dramas.
9. El alumno que hace la mejor declamación gana una copa de oro.
10. María gana el concurso con la declamación de «El baile del poeta».

17 María recita un poema

contento happy, content
estrofa stanza
hazme tú el favor de do me
the favor of, please

lugar place
recitar to recite

Enrique está muy contento cuando su mejor amiga gana el primer lugar en el concurso.

—Hazme tú el favor de recitar el poema en inglés y en español— dice Enrique a María después del concurso.

—Yo no quiero recitar todo el poema ahora— responde María, —porque es muy largo, pero voy a recitar la última estrofa, primero en español y después en inglés.

> La canción del pirata
> Son mi música mejor aquilones;
> el estrépito y temblor
> de los cables sacudidos;
> del negro mar los bramidos
> y el rugir de mis cañones.
> Y del trueno
> al son violento,
> y del viento
> al rebramar,
> yo me duermo
> sosegado,
> arrullado
> por el mar.
> Que es mi barco mi tesoro,
> que es mi Dios la libertad,
> mi ley la fuerza y el viento,
> mi única patria la mar.

Song of the Pirate
My favorite music is the north wind,
The trembling crash of cast-off cables;
The howling of the dismal sea
And the roar of my cannon.
Through the violent sound of the thunderclap
And the bellowing of the wind
I sleep peacefully,
Lulled by the sea.
For my treasure is my ship,
And my God my liberty;
My law, violence and the wind,
My sole fatherland, the Sea.

Multiple Choice

Choose the correct word or words that complete each sentence according to the reading.

1. Enrique está contento cuando María ....el primer lugar.
   a. recita
   b. juega
   c. gana
2. Hazme .... el favor de recitar el poema.
   a. a mí
   b. tú
   c. tu
3. Yo no .... recitar el poema ahora.
   a. quiero
   b. quieres
   c. queremos
4. María recita la .... estrofa.
   a. primera
   b. gran
   c. última
5. María recita el poema primero en español y ....en inglés.
   a. ahora
   b. después
   c. ya

Fortaleza colombiana para la
defensa contra los piratas

Additional Activities

1. Read the poem aloud carefully sounding out the words that are
   unfamiliar to you.
2. Discussion: What does the poem mean to you? What mood does
   it suggest? What does the sea represent for the pirate? What
   does it mean for you?

18 Estampillas y más estampillas

Alemania Germany
Avenida Sexta Sixth Avenue
cocinar to cook
continúa continues
¿cuáles...? what...?
Egipto Egypt
estampillas stamps
fin de semana weekend
Grecia Greece
le gusta he, she likes
me gusta I like
Inglaterra England
Irlanda Ireland
mariposas butterflies
mí me
miembro member
monedas coins

montar a caballo ride horse-
  back
motocicleta motorcycle
mundo world
noche night
nuestras our
oyen hear
pasatiempos pastimes
seis six
Suecia Sweden
Suiza Switzerland
terminar to finish, end
trabajo I work
traes you bring
traer to bring
tu your
Turquía Turkey
ya already

En una reunión de *Los aventureros,* los socios hablan de sus pasatiempos favoritos. Primero, la señorita Scott habla con Linda Miraflores:

—Linda, ¿cuáles son tus pasatiempos favoritos?

—A mí me gusta montar a caballo. A mi hermana le gusta montar a caballo, también. También me gusta cantar y bailar— responde Linda.

Eduardo, otro socio del club, dice:

—A mí me gusta jugar al tenis. Soy miembro del equipo de tenis de la escuela.

—Yo tengo una colección de estampillas. Trabajo cada fin de semana en mi colección— dice Francisco. —Tengo estampillas de todo el mundo.

—¿Tienes estampillas de España y de la América del Sur?— pregunta la señorita Scott.

—Sí. Tengo estampillas de México, de España, de la

Argentina, de Venezuela, de Colombia, del Perú, de la República Dominicana, de Costa Rica, de...

—Está bien, Francisco. ¿Por qué no traes las estampillas a una de nuestras reuniones?— pregunta la profesora.

—...de Honduras, de Guatemala, de Bolivia, de Puerto Rico...— continúa Francisco.

—A mí me gusta cocinar y montar en motocicleta. A mi mamá le gusta cocinar también— dice Julia.

Pero Francisco continúa:

—... de Cuba, de Chile, del Ecuador, de Panamá. Y también tengo estampillas de Francia, de Inglaterra, de Irlanda, de...

—Yo tengo una colección de monedas y una colección de mariposas— dice Luis.

—¡Qué bueno, Luis! Tú puedes traer tu colección de monedas a una reunión— dice la señorita Scott.

—Sí, mañana traigo la colección— responde Luis.

Y Francisco continúa:

—Y también tengo estampillas de la África, de Alemania, del Canadá, del Japón, de la China...

—Ya es la hora para terminar la reunión— dice la señorita Scott. —Tenemos una fiesta este sábado a las seis de la noche en el restaurante El Taco Grande. Está en la Avenida Sexta. Hasta entonces.

Todos los socios salen del cuarto. Todos dicen adiós. Cuando salen, oyen a Francisco:

—Y tengo estampillas de Egipto, de Suecia, de Israel, de Suiza, de Rusia, de Italia, de Grecia, de Turquía, de...

Word Scramble
Unscramble the words to form a sentence.
1. hablan/sus/socios/pasatiempos/de/los/favoritos
2. cantar/me/y/gusta/bailar
3. de/yo/colección/tengo/estampillas/una
4. puedes/tu/una/traer/a/reunión/colección/tú
5. Francisco/Alemania/África/tiene/y/de/estampillas
6. noche/fiesta/hay/seis/una/de/las/a/la
7. del/los/todos/salen/socios/cuarto
8. a/del/ellos/Francisco/oyen/salen/cuando/cuarto
9. mí/jugar/a/tenis/al/gusta/me
10. miembro/tenis/Eduardo/del/es/de/equipo

Repaso 3

Enrique y María hablan con Linda Miraflores. Ella es una alumna nueva en el Colegio Buenavista. Ella es de Ponce, de Puerto Rico. Linda tiene una familia grande. Los abuelos viven con la familia.

Enrique tiene una reunión con el director de la escuela. Él espera mucho, pero no llega el director. Enrique habla con la señorita Scott. Ellos hablan de las fiestas del club.

A las cuatro y cuarto, Enrique habla con la secretaria del director. Ella dice que el director está en una reunión en el centro. También dice que la reunión con Enrique es para el lunes. No es para el viernes, el trece de noviembre.

Como Enrique es grande y fuerte, juega al futbol. Es el capitán del equipo del Colegio Buenavista. Él habla con María sobre los deportes. Ellos hablan de los deportes de los Estados Unidos y de los países latinos. Si el equipo de Enrique gana el partido el viernes, también gana el campeonato de la ciudad.

María también gana un campeonato. Gana el campeonato de declamación de poesía española. Ella gana el concurso cuando recita «La canción del pirata» de José de Espronceda. Enrique está muy contento cuando su mejor amiga gana el primer lugar en el concurso. El Colegio Buenavista recibe una copa de plata.

En una reunión, los socios del club *Los aventureros* hablan de sus pasatiempos favoritos. A Linda Miraflores le gusta jugar al tenis. Francisco habla de una colección de estampillas de muchos países. Todos los socios salen del cuarto, pero él habla y habla de las estampillas.

Questions

Answer the questions in complete sentences.

1. ¿De dónde es Linda Miraflores?
2. ¿Cómo es la familia de Linda Miraflores?
3. ¿Con quién tiene una reunión Enrique?
4. ¿De qué hablan Enrique y la señorita Scott?
5. ¿A qué hora habla Enrique con la secretaria?
6. ¿Es la reunión para el viernes, el trece de noviembre?
7. ¿A qué deporte juega Enrique?
8. ¿Qué pasa si el equipo de Enrique gana el partido el viernes?
9. ¿Cómo gana María el concurso de declamación de poesía española?
10. ¿Está triste Enrique cuando María gana el concurso?
11. ¿Qué recibe el Colegio Buenavista?
12. ¿De qué hablan los socios de *Los aventureros?*
13. ¿Qué le gusta a Linda Miraflores?
14. ¿De qué habla Francisco?
15. ¿Qué es tu pasatiempo favorito?

Un partido de futbol

Club Atlético de Madrid

19 ¿Quién quiere escribir a los españoles?

contestan answer, reply	**información** information
corresponder to correspond	**muchacha, muchachas** girl,
cosa thing	girls
costa coast	**muchacho, muchachos** boy,
describe, describen describes,	boys
describe	**muchachos** boys and girls
dirección direcciones address	**¿quiénes...?** who...?
addresses	**quieren** want

En una reunión de *Los aventureros*, Enrique dice a los socios del club que él tiene una carta de un amigo español.

—¿Dónde vive tu amigo?— pregunta María.

—Vive en Almería, España— contesta Enrique.

—¿En qué parte de España está Almería?— pregunta otro socio del club.

—Es una ciudad hermosa en el sur de España en la costa del Mar Mediterráneo— contesta Enrique.

—¿Qué escribe tu amigo en la carta?— pregunta María.

—Escribe los nombres y las direcciones de muchachos españoles de Almería que quieren corresponder con estudiantes de español en los Estados Unidos. Hay muchos muchachos en la lista. Mi amigo dice que los muchachos españoles quieren corresponder con muchachas norteamericanas, y las muchachas españolas quieren corresponder con muchachos. ¿Quiénes de ustedes quieren corresponder con los españoles?

Todos los socios de *Los aventureros* contestan que quieren corresponder con los muchachos españoles.

Entonces Enrique escribe en la pizarra los nombres y las direcciones que están en la carta de su amigo. Los socios del club escogen el nombre de un muchacho o de una muchacha con quien quieren corresponder.

Como todos los socios de *Los aventureros* son estudiantes adelantados en el estudio de español, escriben sus cartas

40

en español. Escriben con bolígrafo. La profesora Scott hace correcciones en algunas de las cartas y Enrique hace correcciones en otras.

En sus cartas, los socios describen su escuela, su casa y su ciudad. También escriben otras cosas interesantes para los españoles.

María escribe a un muchacho español que se llama Fernando Castillo. Él vive en el centro de Almería.

Replace the Word

Replace the English word(s) in parentheses with the appropriate word(s) in Spanish.

1. Enrique (has) una carta de un amigo (Spanish).
2. Almería está en el (south) de España, en la costa del (Mediterranean Sea).
3. El amigo escribe los (names) y las (addresses) de muchachos que (want) corresponder con estudiantes de los Estados Unidos.
4. Los (members) del club escogen a un muchacho o a una muchacha con quien (want) corresponder.
5. En sus cartas, los socios (describe) su escuela, su (city) y su casa.

Vista de Almería

20 La carta de María

atentamente, etc. sincerely yours	**hablamos** we speak
azules blue	**hizo** made
comercio industry, business	**mande** you may send
diciembre December	**me** to me
diecisiete seventeen	**mis** my
espero que me escriba I hope that you write me	**ojos** eyes
estoy I am	**pelo** hair
estudiamos we study	**pronto** soon
estudio I study	**querido** dear
fotografía photograph	**química** chemistry
	rubio blond
	tenemos we have

9 de diciembre de ....

Señor Fernando Castillo

Almería, España

Querido Fernando,

Mi amigo Enrique Pereda me dice que usted quiere corresponder con una muchacha norteamericana.

Tengo diecisiete años. Tengo pelo rubio y ojos azules. En esta carta está mi fotografía.

Estoy en el cuarto año del colegio y en el cuarto año del curso de español también. Estudio dos idiomas: el inglés y el español, pero estoy más interesada en el estudio de español. Mis otras asignaturas son la historia de las Américas, la química y el álgebra.

Mi colegio es grande. En mi escuela hay dos profesores de español y dos salas de clase de español. Mi profesora de español se llama la señorita Scott. Ésta es mi primera carta en español y ella hizo las correcciones.

En mi clase de español estudiamos *Don Quijote*, un libro de ensayos, una novela de la Argentina que se llama *Amalia* y varios dramas españoles. La profesora y los alumnos siempre hablamos español en la clase.

Nuestro club español se llama *Los aventureros*. Es para los alumnos adelantados en el estudio de español y para todos los alumnos de habla española. Mi amigo Enrique es el presidente de *Los aventureros* y yo soy la secretaria. Tenemos reuniones todos los martes y nuestros programas son muy interesantes.

Mi ciudad es grande y hermosa. Está en el interior de los Estados Unidos. Tiene mucho comercio.

Espero que usted me escriba pronto y que me mande su fotografía.

Soy de usted atentamente, su segura servidora,

María Jackson

Matching

Match a phrase from column A to one from column B to form a complete sentence.

A	B
1. Tengo	mucho comercio.
2. María estudia	me escriba pronto.
3. Ella está más	diecisiete años.
4. La profesora de español de María	grande y hermosa.
5. La profesora hizo	la historia, la química y el álgebra.
6. La ciudad de María es	todos los martes.
7. La ciudad tiene	siempre hablamos español en clase.
8. El club tiene reuniones	se llama la señorita Scott.
9. María dice: Espero que usted	interesada en el español.
10. La profesora, los alumnos y yo	las correcciones en la carta de María.

21 La carta de Fernando

bonito pretty
cara face
cine movies
datos personales personal information
derecho law
difícil difficult
escríbame write me
fábricas factories
me gustaría I would like

habitantes residents
lo it
mandaré I shall send
natación swimming
películas films
placer pleasure
puerto port
recibí I received
uvas grapes

16 de diciembre de ....

Señorita María Jackson

Mi querida amiga,

Con mucho placer recibí su carta. Me gusta corresponder con una muchacha de los Estados Unidos. Espero que su amigo Enrique me escriba una carta también. Me gusta su fotografía, pero me gustaría más una solamente de la cara y más grande para la mesa.

Tengo dieciocho años y mis datos personales están en la fotografía que está en mi carta. No es muy buena, pero no tengo otra fotografía ahora. Mandaré una foto mejor en la próxima carta.

Estudio el derecho en la Universidad de Madrid. Estoy en mi tercer año y tengo que estudiar dos años más. Estudio el inglés también, pero no lo hablo bien. Es un idioma muy bonito, pero muy difícil.

Almería es una ciudad de Andalucía. No tiene muchos habitantes, pero es muy bonita. Andalucía tiene muchas industrias y fábricas. Hay muchos productos, especialmente las uvas famosas de Andalucía. En esta carta están fotos de varias vistas de las industrias y del puerto.

La recolección de uvas   Embassy of Spain

¿Cuáles son sus intereses? A mí me gustan la natación, el tenis y el golf. También me gusta el cine. Las películas de los Estados Unidos son buenas, pero me gustan más las de Francia.

Escríbame lo más pronto posible. Soy de usted atentamente, su seguro servidor,

Fernando Castillo

Fill in the Blanks

Fill in the blanks with the appropriate word(s) from the reading to complete each sentence.

1. A Fernando le ....la fotografía de María.
2. Pero le .... una foto más grande de la cara de María.
3. Él estudia el ....en la Universidad de Madrid.
4. El inglés es un ....bonito, pero difícil.
5. Almería es una ....de Andalucía.
6. Andalucía tiene muchas .... y ....
7. Hay muchos .... en Almería.
8. Las .... de Andalucía son famosas.
9. A Fernando le .... la natación, el tenis y el golf.
10. Las .... de Francia son las preferidas de Fernando.

45

22 El cumpleaños de Enrique

abrazo hug	**helado de fresas** strawberry ice cream
beso kiss	**le** for him, to him
camisa shirt	**llanta** wheel, tire
cereza cherry	**llevan** take
comida food	**manzana** apple
compró, compraron bought	**oscuro** dark
cumpleaños birthday	**preparó** prepared
cumple 18 años is eighteen years old	**raya** stripe
da gives	**regalo** gift
dieron gave	**sorpresa, sorpresas** surprise, surprises
feliz happy	**tinta** ink
gritan shout	**vienen** come

Hoy es el cumpleaños de Enrique. Él cumple 18 (dieciocho) años. María y los padres de Enrique tienen muchas sorpresas para él. Los padres compraron un regalo especial. Y María preparó una fiesta de sorpresa para él.

Como el color favorito de Enrique es el rojo, María compró decoraciones rojas y comida roja: helado de fresas, manzanas y cerezas. Muchos socios de *Los aventureros* y otros estudiantes del Colegio Buenavista vienen esta tarde a la fiesta.

Después de las horas de escuela, Enrique llega a la casa. Todo está oscuro en la sala. De repente, todos los amigos de Enrique gritan: —¡Feliz cumpleaños! ¡Sorpresa!

Algunos amigos mexicanos con sus guitarras cantan «Las mañanitas».[1] María da un beso a Enrique y dice:— ¡Feliz cumpleaños!

---

[1] «Las mañanitas» is the song traditionally sung at birthdays in Spanish-speaking countries.

El señor y la señora Pereda llevan a Enrique al patio donde está el regalo especial. ¡Es una sorpresa magnífica!

Los padres de Enrique le dan una motocicleta. La motocicleta es roja. Las llantas son negras. Enrique está muy contento con el regalo. Enrique da un beso y un abrazo a su mamá y da un abrazo a su papá.

María le da a Enrique una chaqueta negra. Los amigos de Enrique le dan una pluma con tinta roja, una camisa negra con rayas rojas y un cartel con una vista de la playa de Málaga, España.

Fill in the Blanks

Fill in the blanks with the appropriate word(s) from the reading to complete the sentences.

1. Enrique .... 18 años hoy.
2. Los padres .... un regalo especial para Enrique.
3. Enrique ....a la casa después de las horas de escuela.
4. Los amigos mexicanos .... «Las mañanitas».
5. María compró decoraciones .... y comida ....
6. María .... un beso a Enrique.
7. Algunos socios del club y algunos amigos .... a la fiesta esta tarde.
8. Todos ....: —¡Feliz cumpleaños!
9. Los padres .... a Enrique al patio.
10. Enrique tiene una camisa de .... rojas.

Repaso 4

Enrique tiene una carta de un amigo español. Los muchachos españoles quieren corresponder con estudiantes de español en los Estados Unidos. Enrique escribe los nombres y las direcciones en la pizarra. Los socios escogen los nombres y escriben cartas en español. La profesora hace correcciones en algunas cartas y Enrique hace correcciones en otras. María escribe una carta a Fernando Castillo. Él vive en el centro de Almería.

En la carta, María escribe que tiene pelo rubio y ojos azules. Hay una fotografía de ella en la carta. Ella escribe muchas cosas de interés para el muchacho español.

Fernando también escribe una carta a María. Él estudia derecho en la Universidad de Madrid. Tiene que estudiar dos años más. Él también escribe muchas cosas de interés para María.

Para el cumpleaños de Enrique, María y los Pereda tienen muchas sorpresas. María compró decoraciones y comida rojas porque el rojo es el color favorito de Enrique. Los amigos mexicanos de Enrique cantan «Las mañanitas».

Los padres de Enrique compraron una motocicleta roja para él. A Enrique le gusta el regalo. Él da un abrazo y un beso a su mamá y un abrazo a su papá. María le da una chaqueta negra a Enrique. También le da un beso en la mejilla y dice:

—¡Feliz cumpleaños!

Questions

Answer the questions in complete sentences.
1. ¿De quién recibe una carta Enrique?
2. ¿Qué escribe Enrique en la pizarra para los socios del club?
3. ¿Quiénes hacen las correcciones en las cartas?
4. ¿A quién escribe María una carta?

5. ¿De qué escribe María en la carta?
6. ¿Qué estudia Fernando Castillo?
7. ¿Qué compró María para la fiesta de cumpleaños de Enrique?
8. ¿Qué es el color favorito de Enrique?
9. ¿Qué cantan los amigos mexicanos de Enrique?
10. ¿Qué recibe Enrique de los padres?

Estudiantes universitarios de
Madrid

Spanish National Tourist Office

23 Una celebración mexicana

cantaron they sang	**hubo** there was, there were
canté I sang	**importante** important
celebran they celebrate	**mayo** May
cinco five	**niñas** girls
contra against	**niños** boys, children
describió described	**ocasión** occasion
dijo said	**ocurrió** occurred
dio gave	**parte** part
discurso speech	**recitaron** they recited
empezó began	**resultó** resulted
era was	**septiembre** September
fui I went	**tomó** took
ganaron they won	**victoria** victory
grito shout	

En una ocasión cuando María tomó parte en el programa de *Los aventureros,* describió una visita que hizo a una celebración patriótica de los mexicanos de Ciudad Juárez, México. María dijo:

—El 16 (dieciséis) de septiembre es uno de los dos días de independencia que celebran los mexicanos. El otro día es el cinco de mayo. Los mexicanos celebran el 16 de septiembre porque el padre Hidalgo dio el grito que empezó la revolución contra España. Él dio el famoso Grito de Dolores el 16 de septiembre de 1810 (mil ochocientos diez). Esta revolución resultó en la independencia de México.

—Los mexicanos también celebran el cinco de mayo porque ganaron una victoria importante sobre los franceses en Puebla, México. Esta victoria ocurrió el cinco de mayo de 1863 (mil ochocientos sesenta y tres).

—El 16 de septiembre fui a una escuela en Ciudad Juárez donde hubo un programa especial en honor de este día de independencia. Muchos estudiantes y otras personas de habla española de las ciudades de Juárez y El Paso estaban presentes para la celebración.

—Varios niños recitaron poemas en honor del padre Hidalgo y algunas niñas cantaron canciones patrióticas. Yo canté con ellas.

—Después de esta parte del programa, el padre López de una de las iglesias de Ciudad Juárez dio un discurso sobre el padre Hidalgo. Dijo mucho también sobre la historia de México. Su discurso era muy interesante.

Word Scramble
Unscramble the words to form a sentence.
1. programa/parte/María/un/tomó/en
2. el/el/padre/grito/la/empezó/dio/que/Hidalgo/revolución
3. de/dieciséis/México/es/independencia/el/el/septiembre/día/de/de
4. niños/cantaron/muchas/poemas/muchos/y/patrióticas/recitaron/niñas/canciones
5. era/del/interesante/discurso/padre/el/muy/López

24 El español en los Estados Unidos

aprender to learn	**prácticas** practical
biblioteca library	**pueblos** towns
continuar to continue	**se puede** one may
le dijo said to her	**puertorriqueños** Puerto Ricans
durante during	**regiones** regions
especialista specialist	**resolvió** resolved
estaba was	**sin embargo** nevertheless
estudiando studying	**sudoeste** southwest
extranjeras foreign	**tanta...como** as...as
fue went	**verano** summer
graduarse to graduate	**viajar** to travel
ofrecen offer	**visitarla** to visit her
se ofrecen are offered	**vivir** to live
palabras words	**vocabulario** vocabulary
periódicos newspapers	

Como María está muy interesada en el estudio de español, quiere continuar su estudio después de graduarse del colegio. Así que una noche ella fue a visitar a su profesora de español, la señorita Scott, para hablar con ella de las mejores maneras de continuar su estudio del idioma.

La profesora Scott estaba muy contenta cuando María fue a visitarla y le dijo mucho sobre las oportunidades de aprender mejor el español.

—La mejor manera de aprender bien el español es vivir en un país de habla española— dijo la señorita Scott —pero hay muchos estudiantes que no tienen la oportunidad de viajar o de vivir en España o en otros países de habla española.

—Sin embargo, todos los estudiantes que viven en las ciudades grandes como Nueva York, o en la costa del Pacífico o en el sudoeste de los Estados Unidos tienen muy buenas oportunidades para aprender el español. En estas partes del país hay muchas personas de habla española. Muchos mexica-

53

nos viven en el sudoeste y en la costa del Pacífico. En Nueva York y en otras ciudades grandes, hay españoles, cubanos, puertorriqueños y otras personas de habla española.

—En estas regiones hay muchos periódicos y programas de televisión en español. Esos periódicos y programas ofrecen al estudiante el mejor vocabulario de palabras prácticas. Se puede comprar los periódicos españoles en todas las ciudades grandes de los Estados Unidos y en muchos de los pueblos del sudoeste.

—Todas las universidades de primera clase en nuestro país ofrecen cursos adelantados en español. En ellas se puede aprender tanta literatura y composición española como en las universidades de Europa o de Latinoamérica. En el sudoeste, las universidades ofrecen muy buenos cursos del idioma, pero para el especialista, la Universidad de Texas tiene en la biblioteca García una de las mejores bibliotecas de libros en español.

—También hay universidades extranjeras que ofrecen buenos cursos en español a los estudiantes estadounidenses, especialmente durante el verano. Estos cursos se ofrecen en Madrid y en las universidades de Puerto Rico y de México.

María estaba muy contenta con la información que le dio su profesora y resolvió continuar estudiando mucho.

Multiple Choice

Choose the correct word or words that complete each sentence according to the reading.

1. María quiere continuar su estudio de español ....
   a. en Francia
   b. en las bibliotecas extranjeras
   c. después de graduarse
2. Muchos alumnos no tienen la oportunidad ....
   a. de aprender y de vivir en España
   b. de viajar o de vivir en España
   c. de cantar o de bailar en el sudoeste
3. En las ciudades grandes, hay muchos .... en español.
   a. periódicos y programas de televisión
   b. bibliotecas y universidades
   c. cursos y literatura

4. Muchas .... ofrecen cursos de verano a los estudiantes estadounidenses.
   a. bibliotecas cubanas
   b. periódicos españoles
   c. universidades extranjeras
5. María .... continuar el estudio de español despues
   de hablar con la señorita Scott.
   a. tomó
   b. resolvió
   c. dio

25 La primera cita

acompaña accompanies
asiento seat
boleto ticket
cara expensive
cierto certain, true
cita date
conmigo with me
contigo with you
costumbre custom
encontraron found
entrada entry
entraron entered
estilo style

fueron went
hemos ido we have gone
invitaré I shall invite
ir al cine to go to the movies
metí la pata I stuck my foot
    in my mouth
¡no me digas! you don't say!
paga pays
pariente relative
sobre todo above all
tampoco neither
¿te gusta? do you like?
todavía still

Una noche, Enrique y María fueron al cine. Enrique compró un boleto y María compró otro. Los dos entraron en el teatro y encontraron asientos buenos.

—¿Te gusta ir al cine?— preguntó María a Enrique.

—Sí, me gusta mucho. Sobre todo me gusta ir al cine contigo— dijo Enrique.

—¿Verdad? Esta noche es nuestra primera cita solos. Siempre hemos ido al cine con otros amigos— dijo María. —¿Cómo son las citas en España?

—Las citas generalmente son muy caras para los muchachos— contestó Enrique.

—¿Por qué?

—Hay una costumbre vieja española que todavía tienen algunas familias; un pariente de la muchacha acompaña a los jóvenes en las citas.

—¡No me digas!— exclamó María.

—Sí, es cierto. Cuando el joven paga la entrada de su amiga, también paga la entrada de uno o dos parientes— dijo Enrique.

—Ésa es una costumbre española que no me gusta— comentó María.

—A mí no me gusta la costumbre tampoco. Yo prefiero la costumbre de pagar a la americana— dijo Enrique.

—¿A la americana?

—Sí. Es lo que se llama aquí «Dutch treat».

—¿De veras? Entonces, ¿sólo te gusta ir conmigo al cine si compro mi boleto?— preguntó María.

—Hmmmmmmm. Creo que metí la pata— dijo Enrique.

—Hmmmmmmm, yo creo que sí. La próxima vez, invitaré a mi mamá a acompañarnos — ¡al estilo español!

Replace the Word

Replace the English word(s) in parentheses with the appropriate word(s) in Spanish.

1. Enrique y María (went to the movies) una noche.
2. Entraron en el teatro y encontraron (good seats).
3. Enrique dijo: —Me gusta ir al cine (with you), María.
4. a. ¿Cómo son (dates) en España?
   b. Generalmente son muy (expensive).
5. Un (relative) de la muchacha acompaña a los jóvenes.
6. María preguntó: —¿Te gusta ir al cine (with me)?
7. Enrique dijo: —Creo que (I stuck my foot in my mouth).

26 Ciudad Juárez

cambió changed	**hágame** do (for) me
casi almost	**mientras** while
construidos built, constructed	**negocios** business
describir to describe	**pasa, pasan** passes, pass
edificio building	**pasado** past
estuvimos we were	**piedra** stone
ferrocarril railroad	**tienda** store
frontera border	**visitado** visited
había, habían had	**visitamos** we visit, we visited

Un día, la profesora Scott preguntó a los miembros de la clase de español del cuarto año cuántos habían visitado algunas de las ciudades de la frontera de México. Cuatro de los estudiantes dijeron que habían visitado varias ciudades allí. Uno de ellos, que se llamaba Juan, dijo que había visitado a Ciudad Juárez, México.

—Hágame Ud. el favor, Juan, de describir la Ciudad Juárez a la clase— dijo la profesora.

—Durante las vacaciones del verano pasado, fui con mi familia en automóvil a El Paso, Texas— dijo Juan —y mientras estuvimos allí, visitamos a Ciudad Juárez varias veces.

—Ciudad Juárez es la ciudad mexicana más grande en la frontera de los Estados Unidos. Casi todos los edificios están construidos de piedra, las tiendas son grandes y modernas y los restaurantes sirven comida deliciosa.

—Mucho del comercio entre los Estados Unidos y México pasa por el ferrocarril entre esta ciudad y México, la capital de la nación de México.

—Ciudad Juárez tiene una historia muy interesante. Fue fundada por los españoles en el año 1659 y primero se llamaba El Paso del Norte. Después de la liberación de México por Benito Juárez, el nombre de la ciudad cambió a Juárez. En la ciudad hay un monumento a Benito Juárez, el gran presidente mexicano.

—Hay también una iglesia muy antigua allí. Esta iglesia se llama Nuestra Señora de Guadalupe. Fue construida por los españoles en el año 1659.

Multiple Choice

Choose the correct word or words that complete each sentence according to the reading.

1. La señorita Scott preguntó a la clase cuántos alumnos habían visitado ciudades de ....
   a. la frontera de Almería
   b. la frontera de Canadá
   c. la frontera de México
2. Juan .... visitado a Ciudad Juárez.
   a. habían
   b. había
   c. fue
3. Él fue en .... con su familia a El Paso, Texas.
   a. ferrocarril
   b. edificios
   c. automóvil
4. En 1659, Ciudad Juárez .... por los españoles.
   a. fue fundada
   b. fue visitado
   c. fue hablada
5. En Ciudad Juárez hay .... a Benito Juárez.
   a. una iglesia
   b. un monumento
   c. una tienda

27 Otros pueblos de la frontera

alrededor around	**mismo** same
artículo article	**particular** private
carne meat	**perro** dog
carrera race	**plaza** public square
común common	**puente** bridge
corto short	**río** river
fronterizo frontier (adj.)	**une, unen** joins, join
leche milk	**venden** sell
mercado market	**se venden** are sold

Después de la descripción de Ciudad Juárez por Juan, los otros tres estudiantes que habían visitado la frontera hicieron descripciones de varios pueblos mexicanos de la frontera de México y los Estados Unidos. De ellos, la clase aprendió que los pueblos fronterizos más importantes son Nuevo Laredo, Tijuana, Matamoros y Piedras Negras.

Aunque estos pueblos no son tan grandes como Ciudad Juárez, son importantes. El ferrocarril Nacional Mexicano une Nuevo Laredo con la capital de México y mucho del comercio entre los Estados Unidos y México pasa por Nuevo Laredo. Hay un puente internacional entre Nuevo Laredo y Laredo, Texas. Las dos ciudades están situadas cerca del Río Grande.

También hay ferrocarriles que unen Matamoros y Piedras Negras con las ciudades al interior de México. Al otro lado de la frontera de Matamoros está la ciudad tejana de Brownsville, y al otro lado de Piedras Negras está Eagle Pass.

La clase aprendió de los estudiantes que habían visitado estos pueblos que todos tienen mucho en común. Son de importancia comercial, y en ellos el estudiante puede aprender mucho de las costumbres de México.

En algunos de estos pueblos hay corridas de toros. Hay muchas de ellas en Ciudad Juárez y en Matamoros. Hay

WELCOME TO TIJUANA

MEXICO

corridas de toros en Tijuana, pero esta ciudad es muy famosa por sus carreras de caballos y de perros.

Estos pueblos, como casi todos los pueblos de Latinoamérica generalmente tienen el mismo plan. En el centro del pueblo está una iglesia católica. Enfrente de la iglesia hay una plaza, y alrededor de la plaza están los edificios principales y las tiendas.

El mercado de un pueblo mexicano siempre es muy interesante porque se vende allí toda clase de artículos. Hay también en todos los pueblos muchos vendedores que van a las casas particulares para vender leche, carne, muebles y casi todos los artículos que se venden en el mercado.

Fill in the Blanks

Fill in the blanks with the appropriate word(s) from the reading to complete each sentence.

1. Los pueblos .... más importantes son Nuevo Laredo, Tijuana, Matamoros y Piedras Negras.
2. Hay un .... internacional entre Nuevo Laredo, México y Laredo, Texas.
3. También hay ferrocarriles que .... Matamoros y Piedras Negras con las ciudades al .... de México.
4. En los pueblos como Piedras Negras, el estudiante puede aprender mucho de las .... de México.
5. En el centro del pueblo está una .... católica.
6. En el .... de un pueblo mexicano siempre se vende toda clase de artículos.

28 La cultura española en los Estados Unidos

alrededores	vicinity	**ley**	law
arquitectura	architecture	**murieron**	died
aun	even	**oeste**	west
batalla	battle	**origen**	origin
colonizador	colonist	**pastor**	reverend, minister
conquistador	conqueror	**resultado**	result
descubridor	discoverer	**símbolo**	symbol
se extendía	extended	**tejano**	Texan
fuerte	fort	**valiente**	brave

Un día, el señor Suárez, pastor de una iglesia mexicana, hizo una visita al club español de la escuela de Enrique y María y pronunció un discurso sobre la cultura española en los Estados Unidos.

—Muchos de los nombres geográficos en los Estados Unidos son nombres españoles— dijo el señor Suárez. —Esto es verdad especialmente en el sudoeste, el oeste y el sur de este país porque los descubridores y los colonizadores de estas regiones eran españoles.

—Florida, por ejemplo, y Río Grande, Amarillo, El Paso, San Antonio, Los Ángeles, Colorado—todos estos y muchos otros nombres—son españoles.

—Pero los nombres no son todo lo que tenemos de los colonizadores españoles. Tenemos también en el sur y en el oeste, muchos ejemplos de la arquitectura española. En este estilo de arquitectura, las casas particulares y muchos de los edificios públicos tienen los cuartos construidos alrededor de un patio.

—Muchas de las leyes, especialmente del estado de Texas, son de origen español.

—Con los conquistadores y los colonizadores españoles, había siempre padres católicos que construyeron misiones e iglesias. Estas iglesias son de una arquitectura muy hermosa y artística.

—De estas misiones, algunas de las mejores y más bonitas están en la ciudad de San Antonio y en sus alrededores. Hace muchos siglos, el territorio mexicano se extendía hasta el oeste y sudoeste de lo que hoy es los Estados Unidos. Por ejemplo, el territorio que hoy es Texas era parte del estado mexicano de Coahuila. Aun hoy día, muchos mexicanos viven en el sudoeste y en el oeste. Por ejemplo, muchos mexicanos viven en los pueblos fronterizos de Texas y también en las ciudades de Houston, Beaumont, San Antonio, Waco, Ft. Worth y Dallas. También hay muchos mexicanos en el sur de California y en otros estados del oeste.

—En Nueva York, Miami, Chicago y en otras ciudades grandes, hay muchas personas de habla española. Hay personas de Puerto Rico, de Cuba, de España y de los países de Centro y Sudamérica.

—La historia de las relaciones entre los Estados Unidos y México es muy interesante. A veces las relaciones no fueron tranquilas. Por ejemplo, en San Antonio está el fuerte del Álamo, que ahora es un símbolo de la famosa batalla entre los mexicanos y los tejanos. En esa batalla murieron muchos hombres valientes. Pero como resultado, los tejanos ganaron el territorio de Texas.

—En esta parte del país hay muchos otros lugares de interés histórico. Algún día, los socios de *Los aventureros* deben visitarlos.

True or False

Write «sí» if the following sentences are true according to the reading. If they are false, rewrite them making the necessary changes.

1. El señor López, arquitecto de una iglesia mexicana, hizo una visita al club español.
2. Él pronunció un discurso sobre la cultura española en los Estados Unidos.
3. En el norte, el este y el sudoeste de los Estados Unidos, muchos nombres geográficos son españoles.
4. También en los Estados Unidos hay ejemplos de la arquitectura española.

Una misión española en California

5. Con los conquistadores y los colonizadores españoles, había siempre arquitectos franceses que construyeron misiones e iglesias.
6. Hace muchos siglos, el territorio mexicano se extendía hasta el
   norte del Canadá.
7. Texas era parte del estado mexicano de Coahuila.
8. Las relaciones entre México y los Estados Unidos siempre fueron
   . tranquilas.
9. En San Antonio está el fuerte del Álamo.
10. El Álamo es. símbolo de un pueblo fronterizo en que murieron
    muchos tejanos y mexicanos valientes.

65

Repaso 5

Un día, María describió una visita que hizo a Ciudad Juárez. Ella describió los dos días de independencia de México: el dieciséis de septiembre y el cinco de mayo. Durante la celebración de septiembre, ella visitó una escuela. Muchos niños recitaron poemas y algunas niñas cantaron canciones patrióticas. María cantó con las niñas. También el padre López de una de las iglesias dio un discurso sobre padre Hidalgo que dio el grito que empezó la revolución contra España.

Una noche, María fue a visitar a la señorita Scott. Habló con ella sobre las maneras de continuar el estudio de español. La señorita Scott le dijo mucho sobre las oportunidades de continuar el estudio de español.

También habló de las universidades que ofrecen cursos buenos para el estudio de español. Algunas universidades extranjeras ofrecen cursos de verano a los estudiantes estadounidenses. María estaba muy contenta con la información que le dio la señorita Scott.

Una noche, Enrique y María fueron al cine. Fue su primera cita. María compró un boleto y Enrique compró otro. Enrique describió las citas de España. Son muy caras para el muchacho porque un pariente de la muchacha acompaña a los jóvenes. Ni a María ni a Enrique les gusta la costumbre. Enrique prefiere pagar a la americana.

En la clase de español, algunos alumnos dijeron que habían visitado las ciudades de la frontera de México. Juan describió la Ciudad Juárez a la clase. Él dijo que Ciudad Juárez es la ciudad más grande en la frontera. Mucho del comercio entre los Estados Unidos y México pasa por Ciudad Juárez y la Ciudad de México.

En Ciudad Juárez, hay un monumento a Benito Juárez, el gran presidente mexicano.

Otros pueblos mexicanos de la frontera son Nuevo Laredo, Tijuana, Matamoros y Piedras Negras. Hay un puente internacional entre Nuevo Laredo y Laredo, Texas.

En los pueblos de la frontera hay corridas de toros. En Tijuana, hay las famosas carreras de caballos y de perros.

En una reunión de *Los aventureros,* el señor Suárez pronunció un discurso sobre la cultura española en los Estados Unidos. Dijo que muchos nombres geográficos son españoles como Los Ángeles, Colorado y Florida. También dijo que hay muchos ejemplos de la arquitectura española en el sur y en el oeste del país.

El señor Suárez dijo que hay muchos mexicanos, puertorriqueños y cubanos que viven en los Estados Unidos. También habló de la batalla del Álamo entre los tejanos y los mexicanos.

Questions

Answer the questions in complete sentences.

1. ¿Qué es el día de independencia de México?
2. ¿Qué vio (saw) María durante la visita a una escuela de Ciudad Juárez?
3. ¿Cómo eran las canciones que cantaron las niñas?
4. ¿De qué habló el padre López durante la celebración?
5. ¿Adónde fue María una noche?
6. ¿Por qué habló ella con la señorita Scott?
7. ¿Qué ofrecen algunas universidades extranjeras a los estudiantes extranjeros?
8. ¿Adónde fueron Enrique y María en su primera cita?
9. ¿Quién compró los boletos?
10. ¿Cómo son las citas de España?
11. ¿Por qué es importante Ciudad Juárez?
12. ¿Quién es Benito Juárez?
13. ¿Cuáles son otros pueblos de la frontera entre México y los Estados Unidos?
14. ¿Qué hay de interés en Tijuana?
15. ¿Cuáles son algunas influencias de la cultura española en los Estados Unidos?

29 La composición

ajedrez chess
algo que hacer something to do
antigua old, ancient
aunque although, even though
bastante quite a bit, a lot
bosque forest
colina hill
con mucho gusto gladly, with much pleasure
se destruyen destroy
Distrito Federal Federal District
divertido fun, amusing
domingo Sunday
ejemplos examples
emperador emperor
esas, esos those

he estado I have been
estudiando studying
me importa matters to me, is important to me
metrópoli metropolis, large city
mostrarte to show you
se nota one notes
pasea takes a walk
los Pereda the Pereda family
por throughout, for
recreo recreation
sabes you know
siglos centuries
tengo que I have to
todavía still, yet
se ven are seen
has vivido you have lived

Un día, después de las horas de escuela, Enrique y María estaban estudiando en la casa de los Pereda. María dijo a Enrique:

—Tengo que escribir una composición para la señorita Scott sobre la capital de México. Yo nunca he estado en México, pero tú has vivido allí. Hazme el favor de describir la capital.

—Con mucho gusto— contestó Enrique. —Siempre me gusta hablar de México. Como sabes, la capital es la ciudad más grande del país. Se llama la Ciudad de México o México, Distrito Federal.

—Es muy interesante y emocionante visitar la capital. Aunque la capital es una metrópoli moderna, todavía se ven ejemplos de la vida antigua. Eso se nota bastante en la arquitectura.

—Por ejemplo, en México, no se destruyen los edificios antiguos sólo porque son viejos. La catedral fue construida hace muchos años sobre las ruinas del templo principal de los aztecas. Y hoy día muchos turistas vienen a visitarla.

—También, la capital es muy emocionante porque siempre hay algo que hacer. Por toda la ciudad hay muchas plazas y parques. Los domingos, todo el mundo pasea en esas plazas y en esos parques.

—Es especialmente divertido ir al Parque de Chapultepec, que en inglés es «Grasshopper Park». El parque está situado sobre una colina en un bosque, también llamado Chapultepec. Hace muchos siglos, era un lugar de recreo para los aztecas. En el parque está el Palacio que antes era la residencia del emperador Maximiliano. Muchas personas van al parque para pasear, jugar al ajedrez o visitar el Palacio. Siempre hay algo que hacer los domingos en la Ciudad de México.

—María, algún día me gustaría mostrarte todos esos puntos de interés. Entonces podrías escribir 100.000 (cien mil) composiciones— dijo Enrique.

—Ya lo creo— contestó María —pero, por el momento sólo me importa una, la composición para la señorita Scott.

Correct the Word

The italicized word(s) in each sentence are not in their correct form. Rewrite each sentence making all the necessary changes.

1. Enrique y María estaban *estudió* en la casa de los Pereda.
2. María dijo: Yo nunca *has* estado en México, pero tú *hemos* vivido allí.
3. *Hágame* tú el favor de describir la *capitales*.
4. Es muy *interesantes* y emocionante *visita* la capital.
5. En México, no se *destruye* los edificios *antiguas*.
6. La catedral *es* construida hace muchos años.
7. Los *domingo,* todo el mundo *pasean* en las plazas y *las* parques.
8. Es *especial* divertido ir al Parque de Chapultepec.
9. En el parque *están* el Palacio que antes, *son* la residencia *de la* emperador Maximiliano.
10. Me *gustan* mostrarte *las* puntos de *interesantes* en la Ciudad de México.

30 Un discurso interesante

bebida drink
bienvenidos welcome
canales canals
carreteras highways
casi almost
cerca near
construyeron built
cuero leather
e and
nos enseñan show us
flotantes floating
jardines gardens

lago lake
mercados markets
pirámides pyramids
popular popular
segunda second
telas materials, cloths
tenían had
tiempos times
usaron used
se vende is sold
vidrio soplado blown glass

Esta mañana Enrique habla a la clase de María sobre la Ciudad de México y sobre Guadalajara. Como los alumnos de la clase son adelantados en el estudio del idioma, Enrique habla con ellos en español.

—Hay muchas personas— dice Enrique —que no saben que en México, cerca de la capital, hay dos pirámides casi tan grandes como las pirámides de Egipto. Los indios mexicanos construyeron las pirámides hace 6.000 (seis mil) años. La más grande de estas pirámides se llama la Pirámide del Sol. La otra se llama la Pirámide de la Luna. En tiempos antiguos, los indios usaron estas pirámides como templos. Las pirámides nos enseñan que los indios de México tenían una civilización muy adelantada.

—Cerca de la capital, hay otra cosa muy interesante para todas las personas que visitan a México. Como ustedes saben, los indios construyeron la capital sobre un lago grande, el Lago Texcoco. Cerca de la capital hay varios canales que entran en este lago; y en algunos de los canales hay jardines flotantes que son muy bonitos.

—Guadalajara es otra ciudad muy grande e interesante.

Es la capital del estado de Jalisco y es la segunda ciudad más grande de México.

—Guadalajara es muy popular con los turistas. A los turistas les gusta comprar figuras de vidrio soplado, artículos de cuero y telas de muchos colores en los mercados y en las tiendas. Aquí tengo dos cosas de cuero: una mesa y una silla que se llaman «equipajes».

—A una hora de distancia de Guadalajara, hay un pueblo que se llama Tequila. También a los turistas les gusta visitar la fábrica de tequila. Como ustedes saben, tequila es una bebida muy popular de México. También se vende tequila en los Estados Unidos.

—Si ustedes quieren visitar a México, pueden ir en automóvil porque las carreteras principales son buenas. Siempre los turistas son bienvenidos en México.

Word Scramble
Unscramble the words to form a sentence.
1. dos/de/hay/capital/pirámides/de/cerca/México/la
2. hace/construyeron/6.000/pirámides/indios/las/años/los
3. tenían/muy/los/civilización/mexicanos/una/adelantada/indios
4. Jalisco/es/del/Guadalajara/estado/la/de/capital
5. les/fábrica/gusta/a/de/visitar/tequila/turistas/los/la
6. bienvenidos/son/México/turistas/en/los
7. figuras/en/telas/cuero/Guadalajara/vidrio/de/artículos/se venden/de/y

31 Buenas noticias y malas noticias

abogado lawyer
aceptado accepted
además besides
me alegro I'm glad
beca scholarship
duran last
estaré I shall be
¡fíjate! imagine!
hispanoamericano Spanish-
  American

mientras tanto meanwhile
pasar to spend (time, weeks,
  etc.)
plan plan
nos preocupamos we are
  worrying
tomar to take
trajo brought
turista tourist
viernes Friday

Un viernes por la tarde, Enrique recibió una carta muy especial de la Universidad de México. ¡Él fue aceptado para tomar el curso de derecho en la Universidad! Además, la carta le trajo buenas noticias. Recibió una beca grande de una asociación de abogados. La asociación ayuda a abogados del futuro, como Enrique.

Enrique estaba muy feliz. Contó las noticias a María por teléfono. Pero ella estaba triste. Ella le dijo:

—Hoy, recibí una carta de la Universidad de Texas. Empiezo mis estudios allí en el otoño. ¡Fíjate! ¡Tú vas a estar en México y yo, en Texas!

—Es cierto. Pero, tú puedes pasar los veranos en México. Muchas universidades ofrecen cursos de verano para el estudio de español. Tú puedes estudiar en un curso de verano.

—Tal vez— contestó María. —Pero, ¿cómo son esos cursos de verano?

—Las universidades dan a los extranjeros la oportunidad de estudiar el idioma, la literatura hispanoamericana, la historia de México, de España y de los otros países de habla española. También ofrecen cursos sobre la cultura hispana y sobre las condiciones sociales y políticas de las Américas— respondió Enrique.

—¿Cuánto tiempo duran los cursos de verano? — preguntó María. —Me gustaría conocer a México además de estudiar. Y también me gustaría pasar algún tiempo contigo.

—Como los cursos de verano generalmente duran seis semanas, puedes pasar parte del verano como turista.

—Me alegro. Pero el tiempo entre veranos va a ser muy largo — comentó María.

—Estoy de acuerdo. Yo te voy a escribir muchas cartas. Te puedo mandar noticias y fotografías de la Ciudad de México y de la Universidad— dijo Enrique.

—Está bien. Y yo te puedo mandar periódicos y fotografías de la Universidad de Texas — dijo María.

—Pero, ¿por qué nos preocupamos? Todavía tenemos cuatro meses para hacer planes. Mientras tanto, tenemos que estudiar. ¿Me puedes ayudar a estudiar la historia de los Estados Unidos?

—Sí, cómo no— respondió María.

—Estaré en tu casa en diez minutos— exclamó Enrique.

—Hasta luego, entonces.

—Hasta luego.

Multiple Choice

Choose the correct word or words that complete each sentence according to the reading.

1. Enrique recibió .... de una asociación de abogados.
   a. un curso de derecho
   b. una beca
   c. una semana en México
2. En el otoño, María va a empezar clases en ....
   a. la Universidad de México
   b. la Universidad de Madrid
   c. la Universidad de Texas
3. Algunas universidades .... cursos de verano para extranjeros.
   a. ofrecen
   b. conocen
   c. mandan

4. Enrique va a .... muchas cartas a María y a
.... fotografías de México.
   a. conocer/escribirle
   b. ofrecer/mandarle
   c. escribir/mandarle
5. Enrique tiene .... sobre la historia de los Estados
Unidos.
   a. una carta
   b. un examen
   c. unos periódicos

La Universidad de México   American Airlines

32 Enrique y María se gradúan

agradable enjoyable
alcalde mayor
ambos both
anillo ring
escolar school
escribirse to write to one another
felicita congratulates
fin end
grado graduation
hace calor it is hot

junio June
mantener to maintain
mundo world
novia fiancée, sweetheart
orgulloso proud
perla pearl
prometen promise
suerte luck
tiene lugar takes place
triste sad

Es el mes de junio y es el fin del año escolar. También es la noche del grado de los alumnos del cuarto año. Enrique y María están tristes porque los pasados cuatro años en la escuela secundaria fueron agradables para ellos.

La ceremonia del grado tiene lugar en el gimnasio de la escuela. Muchas personas están presentes: el alcalde de la ciudad, el director de la escuela, un abogado famoso de la ciudad y los padres y los amigos de los estudiantes.

Primero, el director de la escuela da el discurso de introducción y después el abogado da el discurso principal.

Como hace mucho calor en el gimnasio, el abogado no habla mucho tiempo. Felicita a los estudiantes y les desea buena suerte en el futuro. Habla un poco de la importancia de establecer buenas relaciones entre personas y de siempre mantener los ideales para tener un mundo feliz.

Cuando termina el discurso, el alcalde presenta los diplomas a los alumnos. Los padres y los amigos están muy orgullosos de ellos.

Después de la ceremonia, Enrique y María dan un paseo por el parque cerca de la escuela. Los dos están muy tristes

porque Enrique va a estudiar en la Universidad de México y María, en la Universidad de Texas. Ambos prometen escribirse frecuentemente. Enrique pregunta a María si a ella le gustaría ser su novia. María dice que sí.

Entonces, Enrique le da un regalo. Es un anillo de oro con una perla grande y bonita.

Muy contentos, los dos regresan primero a la casa de Enrique y después a la casa de María para participar en las celebraciones de las dos familias.

Replace the Word

Replace the English word(s) in parentheses with the appropriate word(s) in Spanish.

1. En la noche del (graduation), Enrique y María están (sad).
2. Los (past) cuatro años fueron agradables.
3. La ceremonia (takes place) en el gimnasio.
4. El (principal) de la escuela da el discurso de introducción.
5. El abogado da el discurso (principle).
6. Como (it is hot), el abogado no habla mucho.
7. El (mayor) presenta los diplomas a los estudiantes.
8. Los padres y los amigos están muy (proud).
9. Enrique pregunta a María si a ella le (would like) ser su (fiancée).
10. Entonces, Enrique le da un (ring) de oro con una (pearl).

Repaso 6

Un día, después de las horas de escuela, Enrique describió la capital de México. Dijo que la capital es la ciudad más grande del país. Es una metrópoli moderna, pero también hay edificios antiguos.

Enrique también dijo que todo el mundo pasea en las plazas y los parques los domingos. Muchas personas van al Parque de Chapultepec que era la residencia antigua del emperador Maximiliano.

Después de hablar con María, Enrique habló a la clase de español sobre la Ciudad de México y sobre Guadalajara.

Él habló de las pirámides que los indios mexicanos construyeron hace seis mil años. La más grande se llama la Pirámide del Sol y la otra se llama la Pirámide de la Luna.

También habló sobre Guadalajara, una ciudad muy popular con los turistas. A los turistas les gusta comprar figuras de vidrio soplado, artículos de cuero, y telas de muchos colores. A los turistas, también les gusta visitar la fábrica de tequila cerca de Guadalajara.

Una tarde, Enrique estaba muy feliz porque fue aceptado para estudiar derecho en la Universidad de México. También recibió una beca de una asociación de abogados.

Cuando él contó las noticias a María, ella estaba triste. Ella fue aceptada para estudiar en la Universidad de Texas. Enrique va a estar en México y ella, en Texas. Pero, ella puede pasar los veranos en México. Quiere tomar cursos de verano para extranjeros. Así, ella puede pasar parte del verano como estudiante y parte del verano como turista.

Durante la ceremonia del grado de los alumnos del cuarto año, Enrique y María están tristes. Los cuatro años en la escuela secundaria fueron agradables para ellos.

Primero, el director de la escuela da un discurso y después un abogado de la ciudad da el discurso principal. Como hace mucho calor en el gimnasio, él no habla mucho. Felicita a los estudiantes y les desea buena suerte en el futuro. Después del discurso, el alcalde de la ciudad presenta los diplomas a los estudiantes.

Después de la ceremonia, Enrique y María dan un paseo. Él pregunta a María si a ella le gustaría ser su novia. María dice que sí y Enrique le da un anillo de oro con una perla grande y bonita. Entonces, los dos participan en las celebraciones de la familia Pereda y de la familia Jackson.

Questions
Answer the questions in complete sentences.
1. ¿Cómo es la capital de México?
2. ¿Qué hace todo el mundo en la capital los domingos?
3. ¿Qué construyeron los indios mexicanos hace seis mil años?
4. ¿Cómo se llaman lo que construyeron los indios?
5. ¿Con quiénes es popular Guadalajara?
6. ¿Qué compran los turistas en Guadalajara?
7. Cerca de Guadalajara, ¿a qué les gusta visitar los turistas?
8. ¿Qué recibió Enrique de una asociación de abogados?
9. ¿Por qué estaba triste María cuando recibió las noticias de Enrique?
10. ¿Adónde va María para estudiar?
11. ¿Cuándo puede ir María a México?
12. ¿Por qué están tristes Enrique y María durante la ceremonia del grado?
13. ¿Por qué no habla mucho el abogado?
14. ¿Qué hace el alcalde de la ciudad?
15. ¿Qué le da Enrique a María?

La segunda sección

La historia de México

Hernán Cortés, conquistador español

1 Hernán Cortés

Hernán Cortés era un capitán español que fue desde España a Cuba en busca de riquezas y aventuras. En Cuba recibió noticias de un país muy rico descubierto por Juan de Grijalva, otro aventurero español.

En el año 1519, Cortés llegó a la costa oriental de México con once pequeños barcos y una fuerza de 508 soldados y 100 marinos. El valiente capitán español tenía la intención de conquistar una nación grande con esta pequeña fuerza.

Después de pasar varias semanas en la costa, Cortés fundó un pueblo que se llamaba la Villa Rica de la Vera Cruz, pero que ahora se llama Veracruz.

Durante el tiempo de Cortés, los indios habitaban todo el continente americano. Los indios que habitaban a México tenían una civilización más avanzada de la de los indios que habitaban otros países al norte.

Cuando Cortés llegó a Veracruz los indios que habitaban la región de la costa eran hostiles, pero como no tenían armas de fuego, fueron conquistados por los soldados españoles.

era was
riquezas riches
recibió received
descubierto discovered
llegó arrived
oriental eastern
fuerza force
tenía had
fundó founded
habitaban inhabited
armas de fuego firearms
fueron conquistados were conquered

Preguntas

1. ¿Quién era Hernán Cortés?
2. ¿Adónde fue desde España?
3. ¿Para qué fue?
4. ¿Qué noticias recibió en Cuba?
5. ¿Quién era Juan de Grijalva?
6. ¿En qué año llegó Cortés a México?
7. ¿A cuál costa llegó?

8. ¿Cuántos barcos tenía?
9. ¿Cuántos soldados tenía?
10. ¿Cuántos marinos tenía?
11. ¿Qué intención tenía?
12. ¿Qué fundó Cortés?
13. ¿Cómo se llamaba el pueblo?
14. ¿Cómo se llama la ciudad ahora?
15. ¿Quiénes habitaban el continente americano durante el tiempo de Cortés?
16. ¿Cómo eran los indios que habitaban a México?
17. ¿Eran hostiles los indios en la región de la costa?
18. ¿Por quiénes fueron conquistados?

Vista moderna, Veracruz   Mexican Government Tourism Department

2 Moctezuma

Ésta fue la primera vez que los indios vieron a hombres blancos y algunos entre ellos creían que los españoles eran dioses. Cuando los soldados españoles dispararon sus cañones contra los indios, los indios creían que los españoles tenían el trueno en su poder. Y cuando vieron a algunos de los soldados españoles montados sobre caballos, creían que estos soldados eran mitad hombre y mitad bestia.

vieron saw
creían believed
dioses gods
dispararon shot

trueno thunder
montados sobre caballos mounted on horses

mitad half

El emperador de los indios de México se llamaba Moctezuma. Aunque era muy inteligente, era un hombre muy supersticioso y débil. Tenía miedo a los dioses de los indios y les ofrecía muchos sacrificios humanos.

débil weak

Cuando el emperador Moctezuma recibió noticias de la llegada de los españoles a las costas de México, mandó regalos muy ricos a Cortés. Le pidió que saliera del país. Algunos de estos regalos eran de oro, y cuando Cortés y sus soldados vieron regalos tan ricos, naturalmente querían conquistar un país donde había tanta riqueza.

llegada arrival
mandó he sent
Le pidió que saliera He asked that he leave

había there was

Preguntas
1. ¿Qué creían los indios?
2. ¿Cuándo creían los indios que los españoles tenían el trueno en su poder?
3. ¿Qué creían los indios de los soldados montados?
4. ¿Cómo se llamaba el emperador de los indios?
5. ¿Cómo era?
6. ¿A qué tenía miedo?
7. ¿A quiénes ofrecía muchos sacrificios humanos?
8. ¿Qué noticias recibió el emperador?
9. ¿A quién mandó regalos?
10. ¿De qué eran algunos de los regalos?
11. ¿Qué querían los soldados españoles?

3   Un hecho valiente

Muchos de los soldados de Cortés eran muy
valientes, pero algunos tenían miedo porque
había tantos millones de indios y tan pocos sol-   **había**   there were
dados españoles. Cortés creía que algunos de
sus soldados que tenían mucho miedo, querían   **querían volver**   wanted
volver a Cuba. Para hacer esto imposible, el   to return
capitán español concibió un plan brillante.   **concibió**   conceived

    Cortés echó a pique todos los barcos ex-   **echó a pique**   sank
cepto uno. Entonces dijo a sus soldados que si   **dijo**   said
había algunos de ellos que tenían miedo y que-
rían volver a Cuba, podían volver en este bar-   **podían**   could
co. Los soldados que tenían miedo no querían
confesarlo, y ninguno de ellos se atrevió a   **se atrevió a**   dared to
abordar el barco. Entonces Cortés echó a pique   **abordar**   to board, get
el único barco que quedaba. Así todos los sol-   on
dados tenían que conquistar a México o morir,   **único**   only
                                                  quedaba   was left
porque no podían volver a Cuba.   **morir**   die

    Aunque la tribu azteca de México, de la
cual Moctezuma era emperador, era la tribu
más poderosa del país y tenía todas las otras tribus bajo su control, algunas de las otras tribus
querían la independencia. Cuando estas tribus
recibieron noticias de la llegada de los soldados
españoles con la intención de conquistar la na-
ción azteca, ofrecieron su apoyo a Cortés.   **ofrecieron su apoyo**   of-
                                               fered their support

Preguntas
1. ¿Cómo eran muchos de los soldados de Cortés?
2. ¿Qué tenían algunos de ellos?
3. ¿Por qué?
4. ¿Qué creía Cortés de algunos de sus soldados?
5. ¿Qué concibió el capitán español?

86

6. ¿Cuántos barcos echó a pique?
7. ¿Qué dijo entonces a sus soldados?
8. ¿Querían confesar los soldados que tenían miedo?
9. ¿Qué hizo Cortés con el único barco que quedaba?
10. ¿Quiénes tenían que conquistar a México o morir?
11. ¿De qué tribu era emperador Moctezuma?
12. ¿Cuál era la tribu más poderosa de México?
13. ¿Qué querían algunas de las tribus?
14. ¿Qué ofrecieron estas tribus a Cortés?

Cuadro de la *Historia de Nueva España*

4   Una superstición extraña

Algunas de las tribus indias tenían una superstición muy extraña. Creían que un dios que se llamaba Quetzalcoatl había sido rey de la tribu de los toltecas en tiempos antiguos, y que este dios, después de dar un alto grado de civilización a los toltecas, salió del país con la promesa de volver más tarde. Este dios salió en un barco de serpientes. Quetzalcoatl, según la leyenda, era blanco con los ojos grandes, el pelo largo y negro, y la barba muy espesa.

Cuando los españoles llegaron a las costas de México, muchos de los indios creían que estos hombres blancos eran descendientes del dios de la leyenda. Así los indios tenían mucho miedo a los españoles. El emperador Moctezuma, que era muy supersticioso, también creía que los españoles eran dioses. Por eso, él mandó regalos ricos a los españoles con el deseo de que no vinieran a la capital del país.

extraña strange
había sido had been
rey king
grado degree
salió left
promesa promise
barco de serpientes ship of snakes
leyenda legend
barba beard
espesa thick
deseo de que no vinieran wish that they might not come

Preguntas
1. ¿Quiénes tenían una superstición muy extraña?
2. ¿Cómo se llamaba el dios?
3. ¿Quiénes eran los toltecas?
4. ¿Cómo salió del país este dios?
5. ¿Cómo eran los ojos de Quetzalcoatl?
6. ¿Cómo era el pelo?
7. ¿Cómo era la barba?
8. ¿Qué creían los indios de los españoles?
9. ¿A quiénes tenían mucho miedo los indios?
10. ¿Qué creía Moctezuma?
11. ¿Qué deseo tenía Moctezuma?

5 Doña Marina

Como ninguno de los españoles sabía los idiomas de los indios, necesitaban un intérprete. Un día vino al campamento de Cortés una joven india muy bonita que se llamaba Marina. Marina había aprendido el español de algunos comerciantes españoles que habían venido a las costas de México antes de Cortés. Como ella ya sabía los idiomas de varias tribus indias, era una intérprete muy buena para el capitán español. Ella tenía solamente 18 años y era muy inteligente.

sabía knew

vino came
campamento encampment

había aprendido had learned
comerciantes merchants
habían venido had come

Marina estuvo con Cortés la mayor parte del tiempo y, durante la conquista de México, los aztecas llamaban a Cortés *Malinche*, un nombre que en el idioma de los aztecas significa *amo de Marina*.

estuvo stayed
la mayor parte the greater part

amo master

Marina llegó a ser muy famosa por todas las tierras de México porque era muy bonita, sabía muchos idiomas y era muy valiente.

llegó a ser became

Algunos años después de la conquista de México, Marina se casó con uno de los oficiales del ejército de Cortés.

se casó con married

ejército army

Preguntas
1. ¿Por qué necesitaban los españoles un intérprete?
2. ¿Quién vino al campamento de Cortés un día?
3. ¿Cómo se llamaba ella?
4. ¿De quiénes había aprendido el español?
5. ¿Cuáles idiomas sabía ella?
6. ¿Cuántos años tenía?
7. ¿Cuánto tiempo estuvo Marina con Cortés?

Cortés, doña Marina y los indios

8. ¿Cómo llamaban los aztecas a Cortés?
9. ¿Por qué?
10. ¿Qué significa *Malinche* en el idioma de los aztecas?
11. ¿Por dónde llegó a ser famosa Marina?
12. ¿Por qué?
13. ¿Cuándo se casó Marina?
14. ¿Con quién se casó ella?

Repaso 1

Hernán Cortés era un capitán español que fue primero a Cuba y después a México en busca de aventuras y riquezas. Llegó a la costa de México con una fuerza muy pequeña de soldados y marinos. Los españoles querían conquistar la nación azteca. Cortés fundó la ciudad de Veracruz. Los indios cerca de la costa eran hostiles, pero como no tenían armas de fuego, fueron conquistados por los españoles.

Los indios de México tenían mucho miedo de las armas de fuego y de los caballos de los españoles. El emperador de los indios se llamaba Moctezuma. Era un hombre débil y supersticioso. Mandó regalos a Cortés, y le pidió que saliera del país, pero los españoles querían conquistar el país porque había mucha riqueza.

Algunos de los soldados de Cortés tenían miedo a los indios y querían volver a Cuba. Pero cuando Cortés echó a pique todos sus barcos, los soldados tenían que conquistar a México o morir. Algunas de las tribus indias querían la independencia. Estas tribus ofrecieron su apoyo a Cortés.

Muchos de los indios creían que los españoles eran descendientes de un dios indio de tiempos antiguos. Estos indios naturalmente tenían mucho miedo a los españoles. El emperador Moctezuma creía que los españoles eran dioses y, por eso, mandó regalos a los españoles con el deseo que ellos no vinieran a la capital.

Marina era la intérprete de los españoles. Ella tenía 18 años y era una india muy bonita.

Sabía varios idiomas, era inteligente y muy valiente. Como estuvo con Cortés casi todo el tiempo, los aztecas llamaban a Cortés *Malinche*, una palabra azteca que significa *amo de Marina*. Después de la conquista de México, Marina se casó con uno de los oficiales del ejército de Cortés.

Preguntas

1. ¿Quién era Hernán Cortés?
2. ¿Para qué fue a México?
3. ¿Era grande o pequeña su fuerza de soldados?
4. ¿Qué quería hacer él?
5. ¿Qué ciudad fundó?
6. ¿Cómo eran los indios cerca de la costa?
7. ¿A qué tenían mucho miedo los indios?
8. ¿Cómo se llamaba el emperador de México?
9. ¿Cómo era él?
10. ¿Qué mandó él a los españoles?
11. ¿A quiénes tenían miedo algunos de los soldados de Cortés?
12. ¿Qué querían?
13. ¿Qué hizo Cortés con sus barcos?
14. ¿Qué querían algunas de las tribus indias?
15. ¿Qué ofrecieron a Cortés?
16. ¿Qué superstición tenían muchos de los indios?
17. ¿Creía Moctezuma en esta superstición también?
18. ¿Por qué mandó el emperador regalos a los españoles?
19. ¿Quién llegó a ser la intérprete de los españoles?
20. ¿Cuántos años tenía ella?
21. ¿Cómo llamaban los aztecas a Cortés?
22. ¿Por qué?
23. ¿Con quién se casó Marina más tarde?

6 La marcha a la capital

Al principio de la marcha a la capital, Cortés tenía 450 soldados españoles, 15 caballos, seis cañones pequeños y un gran número de guerreros indios, con muchos criados y esclavos.

Primero, fue con su pequeño ejército a las tierras de los indios totonacos, quienes recibieron a los españoles como amigos y les dieron muchos soldados indios para acompañarlos.

Después de pasar por las tierras de los totonacos, los españoles entraron en un país que Cortés llamó Sienchimalen, que estaba bajo el gobierno de Moctezuma. Al cuarto día, llegaron a la ciudad de Xocotlan, en que había pirámides de 100.000 calaveras humanas de los enemigos de estos indios. Estas calaveras habían sido dedicadas a los dioses de los indios.

El cacique de esta provincia tenía una casa muy grande y bonita con jardines hermosos. Este cacique se llamaba Olintetl. Tenía 30 esposas y 2.000 criados. Naturalmente, con tantas esposas él necesitaba muchos criados.

En la marcha, Cortés y sus soldados pasaron por ciudades tan grandes y hermosas como muchas de las ciudades de España. En las ciudades, había castillos magníficos y casas de piedra y adobe. Muchas de las tribus indias de México tenían una cultura y un estado de civilización muy adelantados.

El ejército de Cortés tuvo que pelear muchas batallas contra fuerzas numerosas de indios. Algunos de los ejércitos de los indios tenían 100.000 guerreros, pero el pequeño ejército de los españoles con algunos aliados casi siem-

Al principio At the beginning

guerreros warriors
esclavos slaves

les dieron gave them

entraron en entered

gobierno government, rule

calaveras skulls

habían sido dedicadas had been dedicated

cacique Indian chief

piedra stone, rock

tuvo que pelear had to fight

aliados allies

93

pre ganaba las batallas. Ganaba las victorias ganaba won
gracias a las armas superiores, la instrucción
moderna, y el heroísmo de los españoles. También ganaba porque los indios creían que los
españoles eran dioses, y tenían miedo de los
caballos y de los cañones.

Preguntas
1. ¿A cuáles tierras fue Cortés primero en su marcha a la capital?
2. ¿Cómo recibieron los totonacos a los españoles?
3. ¿Qué dieron a los españoles?
4. Entonces, ¿en qué país entraron los españoles?
5. ¿Estaba bajo el gobierno de quién?
6. ¿Adónde llegaron al cuarto día?
7. ¿De qué eran las pirámides allí?
8. ¿Cómo era la casa del cacique?
9. ¿Cómo se llamaba él?
10. ¿Cuántas esposas tenía?
11. ¿Cuántos criados tenía?
12. ¿Para qué necesitaba tantos criados?
13. ¿Cómo eran las ciudades por las cuales pasaron los españoles?
14. ¿Quiénes casi siempre ganaban las batallas?
15. ¿Por qué?

El templo de Quetzalcoatl   American Airlines

7 La marcha continuada

Una de las tribus indias que ofreció más resistencia a Cortés fue la tribu de tlaxcaltecas. Sin embargo, los españoles ganaron varias victorias importantes sobre los ejércitos grandes de estos indios, y los tlaxcaltecas llegaron a ser amigos y aliados de los españoles.

Los españoles quedaron tres semanas en Tlaxcala, capital de las tierras de los tlaxcaltecas. Mientras estaban allí, el emperador Moctezuma mandó mensajeros con regalos a Cortés, invitándole a visitar la capital de las tierras de los aztecas. Los aztecas eran los indios que habían conquistado a casi todas las otras tribus indias. Por eso, Moctezuma era emperador de la mayor parte de la nación de México.

mensajeros messengers
invitándole inviting him

Casi siempre cuando los españoles conquistaban a una tribu de indios o cuando los indios eran amigos de los españoles, los nobles o caciques de los indios ofrecían a sus hijas en matrimonio a los oficiales del ejército español. Como la mayoría de estos oficiales ya tenían esposas en Cuba o en España, estaban frecuentemente apurados a causa de estas ofertas. Sin embargo, algunos de los oficiales aceptaron a las esposas indias. Cortés mismo estuvo particularmente apurado en una ocasión cuando un cacique le ofreció una hija muy fea. No aceptó la oferta.

estaban apurados were worried
ofertas offers
fea ugly

Desde Tlaxcala, el ejército español fue a Cholula, capital de otra tribu india. Los habitantes de esta ciudad recibieron a los españoles con hospitalidad. Pero pocos días después de la

llegada de los españoles, los habitantes hicieron
planes para matar a todos los españoles.

hicieron made
matar to kill

Cuando Cortés recibió noticias de esta traición, mató a más de 3.000 cholultecas. Más de
5.000 guerreros tlaxcaltecas ayudaron a los españoles en esta carnicería terrible. Después de
esto, los cholultecas trataron muy bien a los
españoles.

traición betrayal
ayudaron helped
carnicería slaughter

Después de quedar en Cholula tres semanas, el ejército español continuó la marcha a
México con 6.000 aliados indios. El ejército
llegó pronto a la capital, donde Cortés fue recibido por el emperador Moctezuma.

Preguntas
1. ¿Cómo se llamaba una de las tribus que ofreció más resistencia a los españoles?
2. ¿Quiénes ganaron las batallas entre los españoles y los tlaxcaltecas?
3. ¿Quiénes llegaron a ser aliados de los españoles?
4. ¿Cuánto tiempo quedaron los españoles en Tlaxcala?
5. ¿Qué era Tlaxcala?
6. ¿Quién mandó mensajeros a los españoles?
7. ¿Qué invitación dio Moctezuma a Cortés?
8. ¿A quiénes habían conquistado los aztecas?
9. ¿Qué ofrecían los caciques a los oficiales del ejército español?
10. ¿Qué tenían estos oficiales en Cuba o en España?
11. ¿Quiénes estaban frecuentemente apurados?
12. ¿En qué ocasión estuvo apurado Cortés?
13. ¿Aceptó la oferta?
14. ¿Qué era Cholula?
15. ¿Cómo recibieron los cholultecas a los españoles?
16. ¿Qué noticias recibió Cortés?
17. ¿Qué hicieron los españoles a los cholultecas?
18. ¿Cuántas semanas quedó Cortés en Cholula?
19. ¿Adónde fue entonces?

8 Cortés en la capital

Mientras Cortés entraba en la ciudad de México con su pequeño ejército, el emperador Moctezuma con muchos nobles y un gran concurso de habitantes vino a saludarlo. Cortés y el emperador cambiaron regalos, entonces el capitán español y sus soldados fueron conducidos a un castillo magnífico en que podían vivir.

concurso crowd
saludarlo to greet him
cambiaron exchanged
fueron conducidos were led

Al tiempo de la llegada de los españoles a México la capital era una ciudad muy grande y hermosa, construida sobre un lago con varios canales. Los comerciantes ricos y los nobles de la capital tenían casas magníficas con jardines grandes y hermosos. Y las tiendas y los mercados eran tan buenos como los de España en aquel tiempo. Por lo general, las casas eran de un piso y estaban construidas de adobe o de piedra.

construida built

Los edificios más grandes de la ciudad eran los templos de los dioses aztecas. El más importante de estos templos era del dios Huitzilopochtli. Este templo estaba en el centro de la ciudad y tenía la forma de una pirámide. Sobre la cima del templo siempre ardía un fuego, y cerca del fuego había altares en los cuales las víctimas humanas eran sacrificadas.

cima top
ardía burned

Estas víctimas, la mayor parte de las cuales eran prisioneros de guerra, estaban puestas sobre tablas de piedra. Entonces los sacerdotes les sacaban el corazón. Después, se cocinaban y se comían las piernas y los brazos.

estaban puestas were placed
tablas planks
sacerdotes priests
sacaban took out
se cocinaban were cooked

Preguntas

1. ¿Quién vino a saludar a Cortés mientras entraba en la capital de México?
2. ¿Qué cambiaron Cortés y el emperador?
3. ¿Adónde fueron conducidos los españoles?
4. ¿Cómo era la ciudad?
5. ¿Qué tenían los nobles y los comerciantes ricos?
6. ¿Cómo eran las tiendas y los mercados?
7. ¿De qué estaban construidas las casas?
8. ¿Cuáles eran los edificios más grandes?
9. ¿De qué dios era el templo más importante?
10. ¿Dónde estaba este templo?
11. ¿Qué forma tenía?
12. ¿Qué ardía sobre la cima?
13. ¿Cuáles eran sacrificadas en los altares?
14. ¿Quiénes eran estas víctimas?
15. ¿Dónde estaban puestas?
16. ¿Qué sacaban los sacerdotes de las víctimas?
17. ¿Qué se cocinaban?
18. ¿Qué se comían?

9　Moctezuma, prisionero

El emperador y Cortés cambiaron visitas el día de la llegada de los españoles a la capital y casi todos los días después. Aunque Cortés era un soldado muy feroz, cruel y codicioso, era también muy religioso. Cortés trató de convertir a Moctezuma a la religión cristiana, pero Moctezuma no aceptó la nueva religión, declarando que él era el sacerdote principal de la religión azteca y que creía que sus dioses eran más poderosos que el Dios de los cristianos.

feroz fierce
codicioso greedy

Después de estar en la capital de los aztecas varias semanas, los españoles empezaron a tener miedo de que los aztecas tuvieran la intención de matarlos. Para hacer más segura su posición, Cortés concibió el plan de capturar al emperador Moctezuma. Con su prisionero, Cortés creía que los soldados aztecas no se atreverían a molestar a los españoles. Así, un día Cortés visitó a Moctezuma y lo capturó.

empezaron began
tuvieran might have

molestar to bother

Entonces el emperador tuvo que vivir en el palacio de Cortés. El emperador tenía mucha libertad y recibía visitas de sus nobles y amigos, pero no podía salir del palacio de Cortés. Naturalmente, Moctezuma estaba muy triste. Todos los aztecas estaban muy tristes y enojados también, pero aunque el ejército de los españoles era muy pequeño, los aztecas no se atrevían a pelear contra los españoles porque los temían y también temían la muerte de su emperador.

enojados angry

los temían they feared them
muerte death

Bautizando a los indios   Organization of American States

Preguntas

1. ¿Qué cambiaron Cortés y el emperador?
2. ¿Cómo era Cortés?
3. ¿A quién trató de convertir a la religión cristiana?
4. ¿Aceptó Moctezuma la nueva religión?
5. ¿Por qué no?
6. ¿Qué creía Moctezuma de sus dioses?
7. ¿Qué empezaron a temer los españoles?
8. ¿Qué plan concibió Cortés?
9. ¿Qué creía Cortés?
10. ¿Con quién visitó Cortés?
11. ¿A quién capturó?
12. ¿Tenía el emperador mucha libertad?
13. ¿De quiénes recibía visitas?
14. ¿Estaba triste o contento Moctezuma?
15. ¿Por qué?
16. ¿Cómo estaban todos los aztecas?
17. ¿Cómo era el ejército de los españoles?
18. ¿Por qué no se atrevían los aztecas a pelear contra los españoles?

Repaso 2

En la marcha a la capital de México, Cortés fue primero con su pequeño ejército a las tierras de los totonacos. Estos indios recibieron muy bien a los españoles y les dieron muchos guerreros indios para conquistar a los aztecas. Después, Cortés fue a la ciudad de Xocotlan, donde había pirámides de calaveras humanas. El cacique que vivía en Xocotlan tenía 30 esposas y 2.000 criados. La civilización de muchas de las tribus indias era muy adelantada. En la marcha, Cortés tuvo que pelear en muchas batallas contra los indios, pero los españoles siempre ganaron las batallas.

Los tlaxcaltecas pelearon contra los españoles pero fueron conquistados y llegaron a ser buenos amigos. Mientras Cortés estaba en la capital de los tlaxcaltecas, Moctezuma mandó mensajeros invitándole a visitar la capital. Los caciques, amigos de los españoles o conquistados por Cortés, siempre ofrecían a sus hijas en matrimonio a los oficiales españoles. En Cholula, Cortés recibió información de que los habitantes querían matar a los españoles. Por eso, él mató a 3.000 de los habitantes.

Cortés llegó a la capital con su ejército y fue bien recibido por el emperador Moctezuma. La capital, construida sobre un lago, era grande y hermosa. Tenía casas, tiendas y mercados tan buenos como los de las ciudades de España. Había un templo magnífico sobre el cual los sacerdotes ofrecían sacrificios humanos.

Después de estar varias semanas en la capital, los españoles empezaron a temer las intenciones de los aztecas. Para hacer más segura su posición, Cortés capturó a Moctezuma. Entonces los aztecas temían la muerte de su emperador y no pelearon contra los españoles.

Preguntas
1. ¿Adónde fue Cortés primero?
2. ¿Cómo recibieron estos indios a los españoles?
3. ¿Qué dieron los totonacos a los españoles?
4. ¿Qué había en la ciudad de Xocotlan?
5. ¿Cuántas esposas tenía el cacique?
6. ¿Cuántos criados tenía?
7. ¿Cómo era la civilización de muchas de las tribus?
8. ¿Quiénes ganaron las batallas entre los españoles y los indios?
9. ¿Pelearon los tlaxcaltecas contra los españoles?
10. ¿Quién mandó mensajeros a Cortés?
11. ¿Qué ofrecían los caciques a los oficiales españoles?
12. ¿Qué información recibió Cortés en Cholula?
13. ¿Qué hizo Cortés a los habitantes de Cholula?
14. ¿Cómo fue recibido Cortés por el emperador?
15. ¿Cómo era la capital?
16. ¿Qué ofrecían los sacerdotes mexicanos en el templo principal?
17. ¿Qué empezaron a temer los españoles?
18. ¿A quién capturó Cortés?
19. ¿Por qué?
20. ¿Por qué no se atrevían a pelear los aztecas contra los españoles?

10 La llegada de un enemigo

Así quedaba la situación cuando Cortés recibió noticias de la llegada a Veracruz de una flota enemiga. Velázquez, gobernador de Cuba y antiguo enemigo de Cortés, había mandado una flota de 11 barcos, más de 900 soldados, 80 caballos y muchos cañones a Veracruz bajo el mando de Pánfilo de Narváez. Narváez tenía órdenes de capturar a Cortés y mandarlo a Cuba.

Cuando Cortés recibió noticias de esto, decidió ir a Veracruz y combatir a Narváez. Salió de la capital con 60 soldados españoles y algunos guerreros indios, dejando el resto de su ejército, 140 soldados españoles, en la capital bajo el mando del capitán Pedro de Alvarado. En Cholula, en el camino a Veracruz, Cortés añadió 130 soldados a su pequeña fuerza.

Mientras tanto, Narváez había movido su ejército a Zempoala, capital de los totonacos. Como su fuerza era mucho más grande que el ejército de Cortés, Narváez no temía un ataque de Cortés. Pero Cortés llegó a Zempoala después de pocos días e hizo un ataque de noche sobre la ciudad. Con 200 soldados, tomó la ciudad defendida por 900 soldados españoles.

Solamente cuatro de los soldados de Cortés y 15 de los soldados de Narváez murieron durante el ataque. Después de la captura, los soldados de Narváez se alistaron en el ejército de Cortés y la mayoría de ellos regresaron a la capital con él.

flota fleet
gobernador governor
había mandado had sent
mando command
dejando leaving
añadió added
hizo made
murieron died
se alistaron en enlisted in

Preguntas

1. ¿Qué noticias recibió Cortés?
2. ¿Quién era Velázquez?
3. ¿Qué había mandado Velázquez a Veracruz?
4. ¿Quién era Pánfilo de Narváez?
5. ¿Quién salió de la capital?
6. ¿Con cuántos soldados españoles salió?
7. ¿Quién tenía el mando del resto del ejército español en la capital?
8. ¿Dónde añadió Cortés otros soldados a su ejército?
9. ¿Adónde había movido Narváez a su ejército?
10. ¿Cuál ejército era más grande?
11. ¿Por qué no tenía miedo Narváez?
12. ¿Adónde llegó Cortés?
13. ¿Cuándo llegó allí?
14. ¿Cuándo hizo un ataque sobre la ciudad?
15. ¿Cuál fue el resultado del ataque?
16. ¿Cuántos de los soldados de Cortés murieron durante el combate?
17. ¿Cuántos murieron de los soldados de Narváez?
18. ¿Qué hicieron los soldados de Narváez después de la batalla?

11 Otra carnicería

Durante la ausencia de Cortés de la capital, Pedro de Alvarado quiso demostrar otra vez a los aztecas que los soldados españoles eran muy poderosos. También estaba enojado porque los sacerdotes aztecas continuaban los sacrificios humanos en los templos contra las órdenes de los españoles.

La ocasión de dar esta lección se presentó durante una gran fiesta religiosa en el templo mayor. Alvarado entró en el templo con sus soldados españoles y algunos guerreros aliados y mató a más de 600 de los nobles principales de los aztecas.

Cuando los aztecas afuera del templo recibieron noticias de esta carnicería terrible, estaban naturalmente enojados y se levantaron en masa para combatir a los conquistadores. Fue con gran dificultad que los españoles llegaron a su cuartel. Aunque la marcha desde el templo al cuartel no era larga, murieron seis soldados españoles en el camino.

Llegando los españoles a su cuartel, todavía tenían que combatir contra los aztecas. Los ataques continuaron durante varios días y terminaron solamente cuando el emperador mandó la descontinuación de la guerra.

Mientras tanto, Alvarado había mandado mensajeros a Cortés, que estaba en Veracruz, diciéndole de la situación peligrosa de los españoles en la capital.

Cortés empezó la marcha a México con 1.100 soldados españoles y algunos aliados in-

ausencia absence
quiso wanted
se presentó arose
mató killed
afuera outside
cuartel barracks
diciéndole telling him
peligrosa dangerous

dios, dejando solamente 100 soldados españoles
para proteger a Veracruz. **proteger** to protect

Preguntas

1. ¿Qué quiso demostrar Pedro de Alvarado?
2. ¿Por qué estaba enojado?
3. ¿Qué tenían los aztecas en el templo mayor?
4. ¿Quién entró en el templo?
5. ¿A quiénes mató Alvarado?
6. ¿Quiénes estaban enojados?
7. ¿Quiénes se levantaron en masa?
8. ¿Cómo llegaron los españoles a su cuartel?
9. ¿Cuántos españoles murieron en la marcha al cuartel?
10. ¿Contra quiénes tenían que combatir los soldados españoles en el cuartel?
11. ¿Por cuántos días continuaron los ataques?
12. ¿Qué hizo el emperador?
13. ¿A quién mandó Alvarado mensajeros?
14. ¿Qué hizo Cortés?

12 La muerte del emperador

Después de una marcha rápida, Cortés llegó a la capital y allí encontró la situación tranquila, pero vio que los aztecas estaban preparando a matar a todos los españoles. Cortés decidió salir de la capital, pero como los guerreros aztecas eran tan numerosos, parecía imposible.

vio he saw

parecía it seemed

Antes de salir, el capitán español trató de hacer las paces con los aztecas. Con este fin, el emperador Moctezuma, al mando de Cortés, fue a la azotea del palacio de Cortés y habló con los aztecas que estaban abajo en la calle.

hacer las paces to make peace

azotea flat roof of a house

Los aztecas estaban tan enojados con la cobardía de su emperador que le tiraron piedras. Una de estas piedras le dio al emperador en la frente. Algunos días después, Cortés mató al pobre emperador.

cobardía cowardliness
tiraron they threw
le dio en la frente hit him on the forehead

Después de la muerte de Moctezuma, un hermano menor del emperador, llamado Cuitláhuac, llegó a ser el nuevo emperador de los aztecas. Cuitláhuac era muy valiente, y, bajo su mando, los guerreros aztecas pelearon ferozmente contra los españoles, pero él murió cinco meses más tarde.

Entonces Cuauhtémoc llegó a ser emperador de los aztecas. Él también era muy valiente y continuó la guerra contra los conquistadores españoles.

Preguntas

1. ¿Quién llegó a la capital?
2. ¿Cuándo llegó allí?
3. ¿Cómo encontró la situación en la capital?
4. ¿Qué vio Cortés?
5. ¿Qué decidió hacer?
6. ¿Por qué parecía imposible?
7. ¿Qué trató de hacer Cortés?
8. ¿Quién fue a la azotea del palacio?
9. ¿Qué hizo allí?
10. ¿Cómo estaban los aztecas en la calle?
11. ¿Qué hicieron?
12. ¿Qué dio contra la frente del emperador?
13. ¿Cuándo murió Moctezuma?
14. ¿Quién llegó a ser el nuevo emperador de los aztecas?
15. ¿Cómo era él?
16. ¿Cómo pelearon los aztecas bajo su mando?
17. ¿Cuándo murió?
18. ¿Quién era Cuauhtémoc?

Estatua de Cuauhtémoc

Organization of American States

13　La noche triste

Viendo que su situación era peor cada día, Cortés decidió salir de la capital la noche del 30 de junio de 1520. Para salir de la ciudad, los soldados españoles tenían que cruzar seis canales sobre los cuales los aztecas habían destruido los puentes. El ejército español era tan pequeño y el ejército azteca tan grande que los españoles encontraron que era casi imposible cruzar los canales. Los guerreros indios pelearon contra los españoles en las calles, les tiraron piedras desde las azoteas de las casas, e hicieron todo lo posible para matar a los conquistadores.

peor　worse

cruzar　to cross

puentes　bridges

Después de una carnicería terrible, en que Cortés perdió la mitad de sus tropas españolas, 4.000 aliados, casi todas sus armas de fuego y la mayor parte del tesoro que había tomado del palacio de Moctezuma, Cortés llegó afuera de la capital y escapó de los aztecas.

perdió　lost

Se dice que, después de escapar de la ciudad, Cortés estaba tan triste que se sentó debajo de un árbol grande cerca de la capital para llorar su derrota y la pérdida de tantos soldados valientes con los ricos tesoros que él había tenido. En la distancia, en la cima del templo mayor, él podía ver a los sacerdotes aztecas ofreciendo los corazones de los prisioneros españoles a los dioses indios.

se dice　it is said

llorar su derrota　to cry over the defeat

pérdida　loss

No se sabe si esta leyenda es verdadera o no, pero se sabe que Cortés inmediatamente empezó a hacer planes para atacar la capital.

verdadera　real

Preguntas

1. ¿Cómo era la situación en la capital?
2. ¿Qué decidió hacer Cortés?
3. ¿Cuándo decidió salir?
4. ¿Qué tenían que cruzar los españoles?
5. ¿Cómo era el ejército de los españoles?
6. ¿Era pequeño también el ejército azteca?
7. ¿Dónde pelearon los guerreros aztecas contra los soldados españoles?
8. ¿Qué hicieron los aztecas?
9. ¿Qué perdió Cortés?
10. ¿Adónde llegó?
11. ¿Estaba contento o triste después de escapar de la ciudad?
12. ¿Por qué?
13. ¿Dónde se sentó?
14. ¿Qué hizo allí?
15. ¿Qué podía ver en la distancia?
16. ¿Es verdadera esta leyenda?
17. ¿Qué empezó a hacer Cortés?

Repaso 3

Cortés recibió noticias de la llegada a Veracruz de una flota enemiga bajo el mando del general Narváez. Este general tenía órdenes del gobernador Velázquez de Cuba de capturar a Cortés y mandarlo a Cuba. Cortés salió de la capital con una pequeña fuerza e hizo un ataque de noche sobre la fuerza superior de Narváez en la ciudad de Zempoala. Tomó la ciudad y después, los soldados de Narváez se alistaron en el ejército de Cortés.

Durante la ausencia de Cortés de la capital, uno de sus oficiales, Pedro de Alvarado, mató a muchos de los nobles aztecas en una fiesta en el templo principal. Entonces los guerreros aztecas estaban enojados contra los españoles. Se levantaron en masa para combatirlos, y fue con .gran dificultad que los españoles llegaron a su cuartel. Los aztecas atacaron el cuartel y los terminaron solamente cuando el emperador mandó la descontinuación de los ataques. Entonces Cortés volvió a la capital con un ejército grande.

Cuando Cortés llegó a la capital, vio que aunque la situación estaba tranquila, los aztecas estaban preparando a matar a los españoles. Trató de hacer las paces con los aztecas y el emperador habló en favor de la paz, pero todo fue en vano. Un poco después, Cortés mató al emperador. Cuitláhuac llegó a ser el nuevo emperador y peleó contra los españoles, pero murió cinco meses más tarde. Entonces Cuauhtémoc, hombre muy valiente también, llegó a ser el nuevo emperador.

Cortés decidió salir de la capital de noche. Durante la salida, los aztecas pelearon tan ferozmente que Cortés perdió más de la mitad de sus tropas españolas, muchos aliados, casi todas sus armas de fuego y la mayor parte de sus tesoros. Se dice que entonces el capitán español se sentó debajo de un árbol cerca de la capital para llorar su derrota.

Preguntas

1. ¿Qué noticias recibió Cortés?
2. ¿Qué órdenes tenía Narváez?
3. ¿Quién era el gobernador de Cuba?
4. ¿Tenía Cortés una fuerza grande o pequeña cuando salió de la capital?
5. ¿Cuándo hizo el ataque sobre Zempoala?
6. ¿Qué hicieron los soldados de Narváez después de la batalla?
7. ¿Qué hizo Pedro de Alvarado durante la ausencia de Cortés?
8. ¿Qué hicieron los guerreros aztecas entonces?
9. ¿Quiénes atacaron el cuartel de los españoles?
10. ¿Quién mandó la descontinuación de los ataques?
11. ¿Quién volvió a la capital?
12. ¿Qué estaban preparando los aztecas?
13. ¿Quién habló con los aztecas?
14. ¿A quiénes mató Cortés?
15. ¿Quién fue el emperador después de Moctezuma?
16. ¿Quién fue el emperador después de Cuitláhuac?
17. ¿Era débil o valiente Cuauhtémoc?

14 El sitio de la capital

Después de su derrota en la capital, Cortés fue
a Tlaxcala, peleando contra los grandes ejércitos de los aztecas en el camino, pero siempre
ganando las batallas. En Tlaxcala fue bien recibido por sus antiguos aliados. Quedó allí algún
tiempo, curando a los soldados heridos y preparando para la conquista de la capital.

curando curing
heridos wounded

Mientras estaba en la capital de los tlaxcaltecas, Cortés añadió a su ejército una fuerza de
soldados españoles que había venido a México
de España y Cuba. Ahora el capitán español
tenía 1.000 soldados españoles y 200.000 aliados
indios. Construyó 13 barcos para combatir contra las canoas aztecas sobre el lago Texcoco y
en los canales de la capital.

Construyó He built

Llegando otra vez a la ciudad de México,
el conquistador español empezó a sitiarla por
tierra y por agua. El sitio duró 75 días. Aunque
el nuevo emperador Cuauhtémoc había hecho
gran provisión de maíz, el alimento principal de
los aztecas, tantos guerreros aztecas y aliados
estaban en la ciudad que mucho antes de la
terminación del sitio, los habitantes de la capital
empezaron a sufrir de hambre. Cortés destruyó
el acueducto de donde los aztecas obtenían su
agua y los aztecas sufrieron mucho por la falta
de agua.

sitiarla to besiege it

había hecho had made

maíz corn
alimento food

sufrir to suffer

acueducto aqueduct

falta lack

Pero los aztecas pelearon valientemente
bajo el mando de su emperador. Hubo grandes
batallas en las cuales los aztecas ganaron algunas veces y los españoles otras veces. Muchas
veces Cortés mandó mensajeros al emperador
proponiendo la rendición, pero Cuauhtémoc

Hubo There were

proponiendo proposing
rendición surrender

El Calendario Azteca

siempre respondía que los aztecas preferían la muerte a la rendición.

Preguntas

1. ¿Adónde fue Cortés después de su derrota en la capital?
2. ¿Contra quiénes peleó en el camino?
3. ¿Cómo fue recibido por sus antiguos aliados?
4. ¿Dónde quedó algún tiempo?
5. ¿Qué hizo Cortés allí?
6. ¿Qué añadió a su ejército?
7. ¿De dónde habían venido estos soldados españoles?
8. ¿Qué construyó Cortés?
9. ¿Cómo empezó a sitiar la capital?
10. ¿Fue largo o corto el sitio?
11. ¿Qué provisión había hecho Cuauhtémoc?
12. ¿Cuál era el alimento principal de los aztecas?
13. ¿De qué empezaron a sufrir los aztecas?
14. ¿Qué destruyó Cortés?
15. ¿Cómo pelearon los aztecas?
16. ¿Quiénes ganaron las batallas?
17. ¿A quién mandó Cortés mensajeros?
18. ¿Qué respondía el emperador?

114

15 La caída de la capital

Después de un sitio muy largo, los españoles tomaron la capital y capturaron al emperador mientras trataba de escapar con su familia en una canoa por el lago.

Como resultado del sitio, más de 100.000 aztecas murieron a manos de los soldados españoles y sus aliados, o murieron del hambre y de la sed. Muchos de los aliados de los españoles y más de 100 soldados murieron.

resultado result

Al principio del sitio, la capital tenía una población de 300.000. Era la ciudad más grande y más rica de todo el continente americano. Durante el sitio, Cortés destruyó la mayor parte de la ciudad, y su población fue reducida a una pequeña parte de la población original.

población population

Después de capturar a Cuauhtémoc, Cortés trató de hacerle decir dónde estaban los tesoros que había tenido el emperador Moctezuma y que algunos de los cuales los españoles habían perdido durante la *noche triste*. Pero el emperador rehusó decirle dónde estaban los tesoros.

rehusó refused

Entonces Cortés mandó torturar a Cuauhtémoc y a otro rey vasallo, quemándolos en una hoguera. Cuando el fuego empezó a quemarle los pies, el rey vasallo se quejó de sus sufrimientos con el emperador, pero Cuauhtémoc le preguntó: «¿Cree Ud. que yo estoy en una cama de rosas?»

vasallo vassal
quemándolos burning them
hoguera bonfire
se quejó complained

cama bed

El rey vasallo murió sin decir a los españoles dónde estaban los tesoros, y los españoles nunca los descubrieron.

Más tarde, Cortés mató al valiente emperador Cuauhtémoc.

Preguntas

1. ¿Fue largo o corto el sitio de la capital?
2. ¿Qué tomaron los españoles?
3. ¿A quién capturaron?
4. ¿Qué trataba de hacer el emperador cuando los españoles lo capturaron?
5. ¿En qué trataba de escapar?
6. ¿Cuántos aztecas murieron durante el sitio?
7. ¿Cuántos soldados españoles murieron?
8. ¿Qué población tenía la capital al principio del sitio?
9. ¿Qué destruyó Cortés durante el sitio?
10. ¿Qué trató Cortés de hacer decir a Cuauhtémoc?
11. ¿Qué hizo el emperador?
12. ¿Qué mandó Cortés?
13. ¿Qué hizo el rey vasallo?
14. ¿Qué dijo Cuauhtémoc al rey vasallo?
15. ¿Cómo murió el rey vasallo?
16. ¿Cuándo descubrieron los españoles los tesoros?
17. ¿Quién mató al valiente emperador?

Pintura india del
valiente Cuauhtémoc

Organization of
American States

116

16 El período colonial

Después de la conquista de México, Cortés fue nombrado gobernador y capitán general de todo el país de México por el emperador Carlos V de España. El país de México se llamaba en aquella época Nueva España.

fue nombrado was named

Inmediatamente después de la conquista y por algunos años, el gobierno de Nueva España era puramente militar, bajo la dirección de Cortés.

Una de las primeras cosas que hizo Cortés fue reconstruir la capital que él había destruido para conquistar a los aztecas. Hizo las calles más anchas y los edificios más sólidos. Pero naturalmente no podía reemplazar los jardines y las obras de arte que los españoles habían destruido. Por muchos años la capital no era tan grande ni tan hermosa como durante el tiempo de los aztecas.

más anchas wider

reemplazar to replace

obras de arte works of art

Como buen católico, Cortés destruyó todos los templos de los aztecas. En el lugar del templo mayor construyó una catedral cristiana. Muchos misioneros vinieron de España para convertir a los aztecas y a las otras tribus indias. Estos misioneros trataron muy bien a los indios y ganaron tantos conversos que en pocos años todo el país llegó a ser católico.

conversos converts

El misionero más ilustre que vino de España para convertir a los indios fue el padre Bartolomé de las Casas. Las Casas fue el primer español de importancia que trató a los indios como seres humanos en vez de tratarlos como bestias. Escribió obras en favor del buen tratamiento de los indios e hizo tanto en favor

ilustre illustrious

seres humanos human beings

Fray Bartolomé de las Casas   Organization of American States

de ellos que llegó a ser el más ilustre de los
misioneros. Cuatro siglos más tarde, durante la
guerra mundial, un campamento de los soldados
americanos en Puerto Rico fue nombrado Las
Casas en honor de este misionero que trató tan
bien a los indios.

guerra mundial world
war

Preguntas

1. ¿Quién fue nombrado gobernador y capitán general de México?
2. ¿Cuándo?
3. ¿Por quién?
4. ¿Cómo se llamaba el país de México en aquella época?
5. ¿Cómo era el gobierno de Nueva España?
6. ¿Bajo el mando de quién estaba el gobierno militar?
7. ¿Qué fue una de las primeras cosas que hizo Cortés?
8. ¿Por qué había destruido mucho de la capital?
9. ¿Qué no podía reemplazar?
10. ¿Cómo era la capital durante muchos años?
11. ¿Qué hizo Cortés con los templos paganos?
12. ¿Qué construyó en el lugar del templo principal?
13. ¿Quiénes vinieron de España para convertir a los aztecas?
14. ¿Cómo trataron estos misioneros a los indios?

17 El gobierno español

La mayoría de los gobernadores españoles no eran tan buenos como los misioneros. Estos gobernadores no estaban interesados en más que en ganar todos los tesoros posibles en el país y trataban a los indios como bestias.

En aquella época había cuatro clases de habitantes en México: los españoles nacidos en España; los criollos, o hijos de españoles, nacidos en México; los mestizos, o hijos de españoles e indias; y los indios de raza pura.

nacidos born

Los altos puestos del gobierno de Nueva España estaban en manos de los españoles. Los criollos tenían los puestos inferiores. Los mestizos y los indios no tenían ningunos puestos en el gobierno ni tenían derechos políticos.

puestos positions

derechos rights

Pero a pesar de la crueldad de los españoles, el gobierno no era completamente malo. Los conquistadores españoles dieron a los indios mucho de la civilización de España. Les dieron escuelas y fundaron la Universidad de México casi 100 años antes de la fundación de las universidades más antiguas de los Estados Unidos. También dieron a los indios las artes y las ciencias, la religión y el idioma de España.

a pesar de in spite of

fundación founding

Preguntas

1. ¿Cómo era la mayoría de los gobernadores españoles?
2. ¿En qué estaban interesados estos gobernadores?
3. ¿Cómo trataban a los indios?
4. ¿Cuántas clases de habitantes había en México?
5. ¿Cuáles eran las cuatro clases?
6. ¿Quiénes tenían los altos puestos del gobierno?
7. ¿Quiénes tenían los puestos inferiores?

8. ¿Qué puestos tenían los mestizos y los indios?
9. ¿Tenían los mestizos y los indios derechos políticos?
10. ¿Qué no era completamente malo?
11. ¿Qué civilización dieron los españoles a México?
12. ¿Qué universidad fundaron?
13. ¿Qué más dieron los españoles a los indios?

Protección de los indios por el padre las Casas

Organization of American States

Repaso 4

Después de su derrota en la capital, Cortés fue a Tlaxcala donde preparó para sitiar la capital. Añadió muchos soldados españoles e indios a su ejército, construyó algunos barcos y empezó a sitiar la ciudad de México por tierra y por agua. Hubo grandes batallas en las cuales los españoles ganaron algunas veces y los aztecas otras veces. Después de un sitio muy largo, Cortés tomó la ciudad y capturó al emperador Cuauhtémoc.

Al principio del sitio, la capital era la ciudad más rica y grande del continente americano. Pero durante el sitio, Cortés destruyó la mayor parte de la ciudad, y la población fue muy reducida. El emperador Cuauhtémoc rehusó decir a Cortés dónde estaban los tesoros de la capital, aunque fue torturado por Cortés. Más tarde, Cortés mató al emperador.

Cortés reconstruyó la capital en parte, pero no era tan hermosa que antes, y no era tan grande. Destruyó todos los templos de los aztecas. Muchos misioneros católicos vinieron de España para convertir a los indios. De estos, el más ilustre era Bartolomé de las Casas.

La mayoría de los gobernadores españoles de México después de la conquista trataron a los indios como bestias. Durante el período colonial había cuatro clases de habitantes en México: los españoles, los criollos, los mestizos y los indios. Los mestizos y los indios no tenían derechos políticos. Pero el gobierno de los españoles no era completamente malo porque los

españoles dieron a los indios mucho de la cultura de España.

Preguntas

1. ¿Adónde fue Cortés después de su derrota en la capital?
2. ¿Qué hizo allí?
3. ¿Qué añadió a su ejército?
4. ¿Qué construyó?
5. ¿Por dónde empezó a sitiar la capital?
6. ¿Cuándo tomó la ciudad?
7. ¿Cómo se llamaba el emperador a quien Cortés capturó?
8. ¿Cómo era la capital al principio del sitio?
9. ¿Qué destruyó Cortés durante el sitio?
10. ¿Qué rehusó decir Cuauhtémoc a Cortés?
11. ¿Reconstruyó Cortés toda la capital después de tomarla?
12. ¿Quiénes vinieron de España para convertir a los indios?
13. ¿Cómo se llamaba el más ilustre de los misioneros?
14. ¿Cómo trataban la mayoría de los gobernadores a los indios?
15. ¿Qué clases de habitantes tenía México durante el período colo-
    nial?
16. ¿Qué clases no tenían derechos políticos?
17. ¿Era completamente malo el gobierno de los españoles?
18. ¿Por qué no?

18 La Guerra de Independencia

Los mexicanos sufrieron bajo el dominio del gobierno español muchos años hasta que dos naciones les dieron ejemplos de los métodos de ganar la independencia. Las colonias de la América del Norte, bajo la dirección del general Jorge Wáshington, ganaron su independencia de Inglaterra. Un poco después, los republicanos de Francia mataron a los nobles y establecieron una república.

dominio rule

La ocasión de empezar la revolución en México contra España se presentó en el año 1801 cuando un ejército francés, bajo la dirección de Napoleón, invadió a España. Naturalmente, con el ejército francés en España, el rey de España no podía mandar más soldados españoles a México. España estuvo bajo el dominio de Napoleón algunos años.

En el año 1810 un padre católico llamado Miguel Hidalgo, del pequeño pueblo de Dolores, proclamó la independencia de México. Con una pequeña fuerza, atacó a los soldados españoles en varias ciudades, ganando todas las batallas. Muchos más mexicanos se alistaron en el ejército de Hidalgo y el padre continuó a ganar victorias sobre las tropas españolas y a capturar ciudades.

Por fin, Hidalgo llegó a la ciudad de México con un ejército de 100.000 mexicanos. En la capital había solamente 3.000 soldados españoles, pero por alguna razón, Hidalgo no atacó la capital. Fue al norte. En el norte, muchos de los soldados mexicanos desertaron del ejército de Hidalgo. El general mexicano perdió varias batallas y por fin fue capturado y matado por los españoles.

Después de la muerte de Hidalgo, otros patriotas mexicanos continuaron la Guerra de Independencia. Morelos fue uno de los más ilustres patriotas. Él peleó algún tiempo contra los españoles y convocó el primer congreso, que hizo muchas leyes de reforma, pero los españoles capturaron a Morelos y lo ejecutaron.

convocó called together

leyes laws

Seis años más tarde, Iturbide y Guerrero, dos generales mexicanos, derrotaron a los españoles y el 27 de septiembre de 1821, tomaron la capital. Así ganaron la independencia de México.

derrotaron defeated

Cuando los mexicanos ganaron su independencia, España perdió su colonia más rica. Perdió la colonia por el mal tratamiento de los habitantes.

Preguntas

1. ¿Quiénes sufrieron bajo el dominio español?
2. ¿Cuántos años sufrieron?
3. ¿Cuáles fueron las dos naciones que dieron a México ejemplos de los métodos de ganar la independencia?
4. ¿Quién fue Jorge Wáshington?
5. ¿Qué hicieron los republicanos franceses a los nobles?
6. ¿Cuándo se presentó la ocasión de empezar la revolución mexicana?
7. ¿Quién fue Miguel Hidalgo?
8. ¿Qué proclamó?
9. ¿A quiénes atacó?
10. ¿Quién ganó las batallas?
11. ¿Adónde llegó por fin?
12. ¿Atacó la capital?
13. ¿Por qué no?
14. ¿Quiénes desertaron del ejército de Hidalgo?
15. ¿Qué perdió él?
16. ¿Por quiénes fue capturado y matado?

17. ¿Quiénes continuaron la Guerra de Independencia?
18. ¿Quién fue Morelos?
19. ¿Quién convocó el primer congreso?
20. ¿Qué hizo este congreso?
21. ¿Quiénes capturaron y ejecutaron a Morelos?
22. ¿Quiénes derrotaron a los españoles y tomaron la capital?
23. ¿Cuándo?

Estatua de padre Miguel Hidalgo   Samuel A. Montague

19 La intervención francesa

Durante la Guerra Civil de los Estados Unidos el
emperador Napoleón mandó un ejército francés
que conquistó a México. Napoleón sabía que
los Estados Unidos no podían mandar soldados
para defender a México durante la Guerra Civil.
Él quería establecer una colonia francesa en el
Nuevo Mundo.

Maximiliano de Hapsburgo fue nombrado
emperador de México por Napoleón, y así em-
pezó el segundo imperio del país. El primer **imperio** empire
imperio fue formado por Agustín de Iturbide.

Maximiliano vino a la capital de México
con su linda esposa, la archiduquesa Carlota, y **linda** beautiful
los dos fueron muy bien recibidos por algunos
de los mexicanos. Mientras tanto, el presidente
Juárez fue al norte con su gabinete. **gabinete** cabinet

Aunque el emperador Maximiliano era muy
popular con el partido conservador y con los **partido** party
padres católicos de México, los mestizos y los
indios, que componían la mayoría de los habi- **componían** composed
tantes, querían la independencia. Y así el empe-
rador nunca conquistó el país por completo.

Después de la Guerra Civil en los Estados
Unidos, el presidente Lincoln mandó al general
Grant con un ejército a la frontera de México.
Él dio órdenes a Napoleón en el nombre de la
Doctrina de Monroe de sacar las tropas france-
sas de México.

La emperatriz Carlota fue a París a pedir
que Napoleón dejara las tropas en México, por- **dejara** might leave
que ella sabía que el imperio de México caería **caería** would fall
si las tropas francesas volverían a Francia. Pero
Napoleón no quería entrar en una guerra con

Emperador Maximiliano

los Estados Unidos y sacó las tropas francesas de México.

Cuando Carlota vio que Napoleón iba a sacar las tropas de México, se volvió loca. Quedó loca hasta su muerte en el año 1928.

iba was going

se volvió loca she went mad

Después de la retirada de los soldados franceses, el presidente Juárez fue al sur para atacar a Maximiliano. El emperador salió de la capital a la cabeza de un ejército mexicano para combatir a Juárez. Él entró en la ciudad de Querétaro, en el centro del país, donde Juárez lo capturó después de un sitio de 70 días. Entonces Juárez ejecutó a Maximiliano y dos de sus generales.

128

Nadie dijo a Carlota que Maximiliano había muerto, y la pobre emperatriz loca creía hasta el día de su muerte que su esposo iba a volver a ella.

A la muerte de Maximiliano, los liberales, bajo el liderazgo de Juárez, unificaron el país.

liderazgo leadership

Preguntas

1. ¿Quién mandó un ejército a México?
2. ¿Cuándo?
3. ¿Qué sabía Napoleón?
4. ¿Qué quería?
5. ¿Quién fue nombrado emperador de México?
6. ¿Por quién?
7. ¿Quién vino a la capital de México con Maximiliano?
8. ¿Cómo fueron recibidos los dos por algunos de los mexicanos?
9. ¿Quién era presidente de México?
10. ¿Adónde fue?
11. ¿Qué querían los mestizos y los indios?
12. ¿Qué hizo el presidente Lincoln?
13. ¿Cuándo?
14. ¿Adónde fue la emperatriz Carlota?
15. ¿Para qué?
16. ¿Qué hizo Napoleón?
17. ¿Qué resultado tuvo sobre Carlota?
18. ¿Cuándo murió ella?
19. ¿Adónde fue Juárez después de la retirada de los soldados franceses?
20. ¿A quién capturó Juárez en Querétaro?
21. ¿Qué hizo Juárez con Maximiliano?
22. ¿Qué creía Carlota hasta el día de su muerte?
23. ¿Qué pasó después de la muerte de Maximiliano?

20 De la Revolución al Presente

A la muerte de Benito Juárez, el 18 de julio de 1872, la oportunidad del pueblo mexicano para la paz y libertad desapareció y no volvió hasta medio siglo más tarde.

En 1876 el General Porfirio Díaz hizo caer al nuevo gobierno del Presidente Lerdo, quien se fue al exilio a los Estados Unidos. Díaz estableció una dictadura y no hizo caso a la constitución. Durante aquellos años era muy común matar o aprisionar a los enemigos del gobierno.

dictadura dictatorship

Esta situación duró hasta 1910, año en que Francisco Madero, un liberal rico, decidió por fin oponerse al gobierno con violencia y armas. El pueblo mexicano se organizó como pudo, y atacó y triunfó sobre el ejército federal y también sobre algunos pueblos y haciendas. En 1911 Díaz se fue de México.

La presidencia de Madero fue corta y sin las grandes reformas que mucha gente había deseado y por las cuales algunas personas se murieron. Otro general, Huerta, tomó el poder y mandó matar a Madero.

tomó el poder seized power

Otra vez el país quedó dividido. Aunque algunos mexicanos ayudaban a la dictadura de Huerta, otros, con el Presidente Wilson, se pusieron al lado de Venustiano Carranza, y ayudaban así a otros revolucionarios. Como el gobierno de México había arrestado a unos marineros norteamericanos en 1914, los Estados Unidos tomó posesión de Vera Cruz para evitar el mandar de armas del puerto al gobierno mexicano. Más tarde, Carranza

marineros sailors

130

tomó la ciudad de México y empezó a pelear por el poder. Pelearon contra él los famosos revolucionarios Pancho Villa y Emiliano Zapato porque querían aún más reformas para la gente pobre.

A pesar de esta batalla interna, Carranza llamó una convención para preparar otra constitución — la de 1917. Esta constitución le dio al gobierno más control sobre la educación, la iglesia, la agricultura y varias industrias; y admitió los sindicatos.

sindicatos unions

A pesar de las buenas reformas de la constitución, el nuevo presidente hizo poco por el país. Hubo otra rebelión en 1920. Carranza fue asesinado y el General Alvaro Obregón se hizo presidente.

Obregón y su sucesor, Plutarco Elías Calles, siguieron haciendo las reformas económicas y sociales que la Revolución había empezado. Calles estableció el primer partido político de México que es prácticamente el único que existe hoy. El PRI, Partido Revolucionario Institucional, ha ganado todas las elecciones desde su formación.

Bajo la presidencia del General Lázaro Cárdenas se hicieron aún más reformas agrícolas y se establecieron controles sobre algunas compañías extranjeras de la industria del petróleo.

agricola agricultural

Después de 1940, la economía de México engrandeció rápidamente. El país hizo algunas contribuciones económicas a los Aliados durante la Segunda Guerra Mundial: hicieron equipo de guerra y mandaron a muchos trabajadores a los Estados Unidos.

los Aliados the Allies

Después de la Guerra, la industria mexicana se mejoró. Las fábricas producían instrumentos eléctricos, automóviles, hormigón, productos químicos y acero. Las carreteras, ferrocarriles y sistemas de irrigación también se mejoraron. El país empezó a exportar más productos industriales y agrícolas. Se extendió también el turismo.

hormigón concrete
acero steel

Pero el país todavía tiene un alto porcentaje de gente pobre y mal educada. En las ciudades grandes ni hay suficientes casas ni trabajo. Quizás el petróleo que recientemente fue descubierto en el país puede ayudar a solucionar gran parte de estos problemas.

Preguntas

1. ¿Qué perdieron los mexicanos con la muerte de Juárez?
2. ¿Qué tipo de gobierno fue el del General Díaz?
3. ¿Cómo trató el General Díaz a sus enemigos?
4. ¿Adónde se fue el Presidente Lerdo?
5. ¿Por qué?
6. ¿Hasta qué año duró la dictadura de Díaz?
7. ¿Quién fue Francisco Madero?
8. ¿Qué hizo por fin?
9. ¿Cómo fue la presidencia de Madero?
10. ¿Qué hizo el General Huerta?
11. ¿A quién ayudaba el Presidente Wilson?
12. ¿A quiénes había arrestado el gobierno mexicano?
13. ¿Quiénes eran los revolucionarios que pelearon contra Carranza?
14. ¿Por qué?
15. ¿Qué pasó en 1917?
16. ¿Qué reformas le dio al gobierno la nueva constitución?
17. ¿Qué es el PRI?
18. ¿Participó México durante la Segunda Guerra Mundial? ¿Cómo?
19. Describa algunas mejorías en la economía desde la Guerra.
20. ¿De qué sufren las ciudades grandes hoy?

La tercera sección

Lazarillo de Tormes

1 Introducción

En el siglo dieciséis, España era la nación más poderosa del mundo. Durante el reino de Carlos V, uno de los emperadores más poderosos de la historia, España era un centro importante de la navegación. También tenía colonias en el Nuevo Mundo y estaba adquiriendo más tierra fuera de la península.

poderosa powerful
reino reign, rule

adquiriendo acquiring

fuera de outside of, away from

Pero aunque España era poderosa y rica, había mucha pobreza y miseria en el pueblo. Esta pobreza inspiró al autor de la primera novela picaresca, el *Lazarillo de Tormes*. El héroe, Lazarillo, no es un personaje superhumano. Él es simplemente un muchacho pícaro. Y hoy día, es uno de los personajes más queridos de la literatura española.

pobreza poverty
en el pueblo among the people

personaje character

pícaro mischievous

queridos loved

Preguntas

Contesta en oraciones completas.

1. ¿Quién era Carlos V?
2. ¿Cómo era España en el siglo dieciséis?
3. ¿Qué había en el pueblo de España?
4. ¿Qué inspiró al autor del *Lazarillo de Tormes*?
5. ¿Cómo era el personaje de Lazarillo?

Haz la oración

De las palabras, escribe una oración.

1. poderosa/siglo/era/del/en/la nación/dieciséis/el/España/más/mundo
2. había/en/pobreza/pueblo/mucha/y/miseria/el
3. pícaro/simplemente/es/Lazarillo/muchacho/un

La familia de Lazarillo

Ésta es la historia de la vida y de las aventuras de Lazarillo.

Los padres de Lazarillo se llamaban Tomé González y Antoña Pérez. El papá de Lazarillo era molinero. Como Lazarillo nació cerca del río Tormes, sus padres lo nombraron Lazarillo de Tormes.

molinero miller
nació was born

Cuando Lazarillo tenía ocho años de edad, su papá robó de los sacos del molino. Confesó el crimen y fue a la prisión. Después del juicio, fue desterrado. Y en el destierro, cuidó las mulas de un caballero, pero poco después, murió en una batalla contra los moros.

sacos sacks
juicio judgment
fue desterrado was exiled
cuidó cared for
moros Moors

La mamá, ya viuda, tuvo que ganarse la vida para sí misma y para su hijo. Se fue a Salamanca y alquiló una casita cerca de la universidad. Allí preparaba la comida para algunos estudiantes. También lavaba la ropa de algunos mozos de caballo.

viuda widow
alquiló rented
lavaba washed
mozos de caballo stablemen

Zayde, un nuevo miembro de la familia

En los establos, la mamá de Lazarillo conoció a Zayde, un mozo negro. Él la visitaba frecuentemente. Al principio, Lazarillo le tenía miedo. Pero cuando vio que el negro siempre traía pan y carne y leña para el invierno, lo empezó a querer. El negro se hizo miembro de la familia y al poco tiempo, Lazarillo tuvo un hermanito.

conoció met
la visitaba visited her
traía brought
leña firewood
se hizo became

Preguntas

Contesta en oraciones completas.

1. ¿Cómo se llamaban los padres de Lazarillo?
2. ¿Por qué se llama el muchacho Lazarillo de Tormes?
3. ¿En dónde pusieron al papá de Lazarillo? ¿Por qué?
4. ¿Cómo murió el papá de Lazarillo?
5. ¿Adónde fue la mamá, ya viuda?
6. ¿Qué hizo allí?
7. ¿A quién conoció en los establos?
8. ¿Qué traía el negro a la casa?
9. ¿De qué familia se hizo miembro el negro mozo?
10. ¿Qué tuvo Lazarillo al poco tiempo?

Sí o no

Si la oración es correcta, escribe sí; si no, corrígela.

1. El papá de Lazarillo era millonario.
2. Lazarillo nació cerca del río Tormes.
3. Tomé González murió en una batalla contra las murallas.
4. La mamá fue a Salamanca para ser una moza de caballos.
5. Zayde siempre llevaba pan y carne a la casa.
6. Lazarillo tuvo una hermanita.

3

Castigo público

Después de un tiempo, el negro Zayde y la
mamá de Lazarillo fueron castigados pública- **castigados** punished
mente porque se querían. Y, por esa razón, los **se querían** loved each
dos tuvieron que separarse. other

Otra vez, la mamá de Lazarillo tuvo que
ganarse la vida. Ella obtuvo un puesto de criada **puesto** position
en un mesón. Lazarillo también trabajó en el **mesón** inn
mesón.

Un viejo ciego, que pasó unos días en el **ciego** blind man
mesón, dijo a la mamá que él quería a Lazarillo
como su guía. Aunque la mamá estaba muy **guía** guide
triste, dijo que sí. Al despedirse de su hijo, ella
le dijo:

—Trata de ser bueno y que Dios te ayude. **que...ayude** may God
help you

La primera lección

El viejo ciego era un hombre inteligente y listo. **listo** clever, alert
Cuando él y Lazarillo salieron de Salamanca, **salieron** left
vieron una estatua de piedra en forma de un
toro. Entonces, el ciego le dijo a Lazarillo:

—Lázaro, acércate a la estatua y escucha **acércate a** (you) get
near
un gran ruido adentro. **adentro** inside

Lazarillo se acercó a la estatua y escuchó.
No oyó nada. De repente, el ciego le dio un **No oyó** He didn't hear
De repente Suddenly
golpe fuerte en la cabeza contra la estatua. Y, **le dio un golpe** hit him
entonces le dijo:

—Tonto, aprende: el mozo de un ciego **Tonto** Stupid
tiene que saber un poco más que el diablo. **diablo** devil

Al pobre Lazarillo le dolió la cabeza más **le dolió la cabeza** his
head hurt
de tres días. Pero aprendió rápido que él tenía
que hacerse tan listo como el ciego. **hacerse** to become

Preguntas

Contesta en oraciones completas.

1. ¿Qué pasó a Zayde y a la mamá de Lazarillo?
2. ¿Qué hizo la mamá de Lazarillo para ganarse la vida?
3. ¿Qué hizo Lazarillo en el mesón?
4. ¿Para qué quería el ciego a Lazarillo?
5. ¿Qué hizo la mamá aunque estaba triste?
6. ¿Qué vieron el ciego y Lazarillo cuando salieron de la ciudad?
7. ¿Qué dijo el ciego a Lazarillo?
8. ¿Qué le pasó a Lazarillo?
9. ¿Qué le dijo el viejo sobre el mozo de un ciego?
10. ¿Qué aprendió muy rápido Lazarillo?

Casa las palabras

Escoge una frase de la columna A y una de la columna B para formar una oración.

A	B
1. Zayde y la mamá de Lazarillo	a. un golpe fuerte en la cabeza.
	b. muy listo y avaro.
2. Lazarillo trabajó	c. tiene que saber más que el diablo.
3. El ciego era	
4. El mozo de un ciego	d. para un viejo ciego.
5. El ciego le dio a Lazarillo	e. tuvieron que separarse.

4

Ganándose la vida

Como el ciego era muy inteligente, sabía muchas maneras de sacar dinero de las otras personas. Se ganó la vida rezando por otras personas. Rezaba en una actitud tan humilde y tan devota que recibió mucho dinero para sus oraciones.

sacar to get...from
rezando praying
humilde humble

oraciones prayers

También el ciego conocía remedios para toda clase de enfermedades. Él rezaba un poco y después les decía a las personas que debían tomar cierta hierba o cierta raíz. Por este servicio, recibió mucho dinero también.

remedios remedies

hierba herb
raíz root

Aunque el viejo ciego ganaba mucho dinero, era muy avaro. Nunca le dio más de comer a Lazarillo que un pedacito de pan. Tenía la costumbre de poner en un bolso toda la comida que las personas le daban durante el día.

avaro stingy, miserly
pedacito little piece
bolso bag, sack

Lazarillo engaña para comer

Para comer lo suficiente, Lazarillo tenía que robar de la comida que su amo guardaba en el bolso. Cada día el muchacho se hizo más listo. Para robarle el vino al ciego, le hizo un agujero a la jarra. Después de beberse el vino con una paja, cubría el agujero con cera.

agujero hole
jarra jug
paja straw
cubría would cover
cera wax

Así por mucho tiempo, Lazarillo tomaba el vino y engañaba a su amo. Pero, un día el ciego lo descubrió. Cogió la jarra, y con ella, le dio un golpe tan fuerte que Lazarillo perdió el sentido y estuvo enfermo varios días. Los pedazos de la jarra le cortaron toda la cara. Y también el muchacho perdió los dientes para siempre.

Cogió He took

sentido consciousness

Como frecuentemente lo pegaba sin razón, **lo pegaba** hit him
Lazarillo empezó a temer y a odiar a su amo. **odiar** to hate

Preguntas
Contesta en oraciones completas.
1. ¿Qué sabía hacer el ciego para ganarse la vida?
2. ¿Qué decía el ciego a las personas?
3. ¿Cómo era el ciego con Lazarillo?
4. ¿Qué hacía el ciego con la comida que recibía?
5. ¿Qué hizo Lazarillo para comer lo suficiente?
6. ¿En dónde hizo un agujero Lazarillo?
7. ¿Cómo bebía el vino?
8. ¿Qué hizo el ciego al descubrir a Lazarillo?
9. ¿Por qué perdió Lazarillo los dientes?
10. ¿Por qué empezó Lazarillo a odiar a su amo?

Llena los espacios
Llena los espacios con la forma del verbo que corresponda.
1. El ciego .... la vida rezando por otras personas. (ganar-se — pretérito)
2. También .... remedios para muchas enfermedades. (conocer — imperfecto)
3. El ciego nunca le .... más de comer a Lazarillo que un pedacito de pan. (dar — pretérito)
4. Lazarillo le .... un agujero a la jarra. (hacer — pretérito)
5. Por mucho tiempo, Lazarillo .... el vino y .... a su amo. (tomar, engañar — imperfecto)

5

La aventura de las uvas

Para ganarse la vida, Lazarillo y el ciego iban de pueblo en pueblo. El ciego recomendaba remedios a las personas y rezaba por ellas a cambio de comida y de dinero.

a cambio de in exchange for

Un día, los dos llegaron al pueblo de Almoroz durante la cosecha de uvas. Un hombre le dio al ciego un racimo de uvas. Las uvas estaban muy maduras y el ciego no podía guardarlas en el bolso. Entonces, le dijo al muchacho:

cosecha harvest
racimo branch
maduras ripe

—Lázaro, ahora quiero ser generoso contigo. Tú tomas una uva y yo, otra.

En esta ocasión, Lazarillo no pensó engañar a su amo. Pero como el ciego empezó a tomar las uvas de dos en dos, Lazarillo las tomó de tres en tres.

Cuando terminaron de comer las uvas, el ciego le dijo:

—Lazarillo, me has engañado. Tú comiste las uvas de tres en tres.

—¿Por qué sospecha usted eso?— le preguntó Lazarillo.

sospecha suspect

—¿No sabes? Yo comí las uvas de dos en dos y tú no me dijiste nada.

Ahora más que nunca Lazarillo sabía que su amo era un hombre muy listo, además de ser cruel y avaro.

La venganza de Lazarillo

Una noche, en una tormenta de lluvia, Lazarillo pensó en una manera de pagar al viejo por todas las crueldades que le había hecho. Como

tormenta de lluvia rainstorm
le había hecho had done to him

144

los dos querían ir a un mesón, Lazarillo dijo al ciego que tenían que cruzar un arroyo.

arroyo stream

Lazarillo puso al ciego directamente enfrente de un poste y le dijo que tenían que saltar el arroyo en la parte angosta. (En realidad, estaban en una plaza, no había un arroyo.)

saltar to jump
angosta narrow

El ciego dio un paso hacia atrás y saltó fuertemente contra el poste, dándose un golpe duro en la cabeza. Así, medio muerto, el ciego se cayó al suelo. Lazarillo lo dejó allí entre la gente que fue a ayudarlo.

dio un paso hacia atrás took a step backward
medio muerto half dead
lo dejó left him

¡La dulce libertad!

Ya libre del ciego, Lazarillo corrió en dirección al pueblo de Torrijos. Nunca supo nada más del ciego. Y nunca trató de saberlo.

Nunca...más He never knew anything more

Preguntas
Contesta en oraciones completas.
1. ¿Qué hizo el ciego a cambio de comida y de dinero?
2. ¿Cuándo llegaron los dos a Almoroz?
3. ¿Por qué no guardó el ciego las uvas?
4. ¿Qué le dijo el ciego a Lazarillo?
5. ¿Cómo comió el ciego las uvas? Entonces, ¿cómo comió Lazarillo las uvas?
6. ¿Para qué quería pagar Lazarillo al ciego?
7. ¿Qué dijo Lazarillo que tenían que hacer para llegar al mesón? ¿Fue la verdad?
8. ¿Enfrente de qué puso Lazarillo al ciego?
9. ¿Qué hizo el ciego para cruzar el arroyo?
10. Después de dejar el ciego, ¿qué hizo Lazarillo?

Sí o no
Si la oración es correcta, escribe sí; si no, corrígela.
1. Lazarillo y el ciego llegaron a Almoroz durante la cosecha de vino.
2. El ciego comió las uvas de tres en tres.
3. En una tormenta de lluvia, Lazarillo dijo al ciego que tenían que cruzar un arroyo.
4. Lazarillo puso al ciego directamente enfrente de un árbol.
5. El ciego saltó y recibió un golpe duro en la cabeza.

6

Lazarillo encuentra otro amo

Lazarillo ya estaba libre del ciego cruel y avaro. En Torrijos, no encontró trabajo y fue de
puerta en puerta pidiendo limosna. Apenas recibió suficiente comida para vivir.

pidiendo limosna begging

Apenas Scarcely, barely

    Un día, llamó a la puerta de la casa de un
cura. Cuando el cura contestó, le preguntó a
Lazarillo si sabía ayudar durante la misa. Y,
Lazarillo, que lo había aprendido del ciego, le
respondió que sí. Ese día Lazarillo entró en el
servicio del cura, su segundo amo. Y diría más
tarde, había escapado del trueno para entrar en
el relámpago. Pues, el ciego era muy generoso
en comparación con el cura.

cura priest

misa mass

diría he would say

relámpago lightning

    El pobre muchacho dormía sobre paja en el
suelo. Y mientras el cura comía carne, él sólo
comía un pedacito de pan con un poquito de
sopa. Y cada cuatro días, su amo le daba una
cebolla para comer.

cebolla onion

    Después de poco, el muchacho quiso salir
de la casa del cura en busca de otro empleo.
Pero estaba tan débil por el hambre que no
podía. Entonces Lazarillo pensó:

    —He tenido ya dos amos. Y si uno era
malo, el otro es peor. Si ahora busco un terce-
ro, ¿quién sabe si yo no muera de hambre?

muera may die

Preguntas

Contesta en oraciones completas.
1. ¿Qué hizo Lazarillo en Torrijos?
2. ¿Recibió mucho de comer allí?
3. ¿Qué preguntó el cura a Lazarillo?

4. ¿De quién lo aprendió?
5. ¿Qué diría Lazarillo más tarde de su segundo amo?
6. ¿Dónde dormía Lazarillo?
7. ¿Qué comía Lazarillo mientras el cura comía carne?
8. ¿Qué comía cada cuatro días?
9. ¿Por qué no salió Lazarillo en busca de otro empleo?
10. ¿Qué pensó Lazarillo de buscar un tercer amo?

Haz la oración

De las palabras, escribe una oración.
1. apenas/vivir/en/recibió/para/Torrijos/suficiente/Lazarillo/comida
2. suelo/paja/Lazarillo/sobre/dormía/el/en
3. cada/su/cebolla/días/amo/daba/le/para/una/cuatro/comer/días
4. trabajó/servicio/Lazarillo/cura/de/en/el/un

7

El arca del cura

Lazarillo, que ahora estaba muy flaco, sabía **flaco** skinny
que el cura tenía una arca vieja llena de panes. **arca** chest, box
llena de full of
Pero siempre el arca estaba cerrada con llave. **cerrada con llave** locked

Un día cuando el cura no estaba en casa,
un vendedor de llaves llamó a la puerta. Lazarillo compró una llave para el arca. Pero como no
tuvo dinero, le pagó al vendedor con uno de los
panes que estaba adentro.

Lazarillo estuvo tan feliz ese día que no
tuvo hambre y no comió nada.

Pero a la mañana siguiente, cuando no estuvo el cura, Lazarillo abrió el arca y comió
uno de los panes.

Lazarillo estuvo feliz algunos días con su
paraíso de pan. Ahora tenía mucho que comer. **paraíso** paradise
Pero más tarde, cuando el cura contó los panes **contó** counted
notó que faltaban muchos. Y empezó a creer **faltaban muchos** many
were missing
que había un ladrón en casa. **ladrón** thief

¡Los ratones han comido el pan!

Entonces, Lazarillo comió muy poco por unos
días hasta que tuvo una idea brillante. **hasta que** until

—El arca es vieja y grande y tiene algunos
agujeros— dijo. —No es extraño si unos ratones entran y comen los panes.

Con mucho cuidado, Lazarillo desmigajó **desmigajó** crumbled
unos panes como un ratón. Y después, comió
todo lo que quiso.

Aquella noche el cura abrió el arca y vio
los panes desmigajados. Inspeccionó el arca y
le gritó a Lazarillo:

—¡Lázaro! ¡Mira qué ha pasado a nuestro pan!

Muy inocentemente, Lazarillo le preguntó:

—¿Qué pasó?

—Pues, ¡los ratones han comido nuestro pan!— le respondió el cura.

Preguntas

Contesta en oraciones completas.

1. ¿Qué tenía el cura del cual sabía Lazarillo?
2. ¿Por qué no pudo abrir el arca fácilmente?
3. ¿Quién llamó a la puerta un día?
4. ¿Con qué le pagó?
5. ¿Qué hizo Lazarillo a la mañana siguiente?
6. ¿Qué empezó a creer el cura? ¿Por qué?
7. ¿Qué fue la idea brillante de Lazarillo?
8. ¿Qué hizo Lazarillo con el pan?
9. Cuando inspeccionó el arca, ¿qué gritó el cura a Lazarillo?
10. ¿Qué pensó el cura de lo que pasó con el pan?

Casa las palabras

Escoge una frase de la columna A y una de la columna B para formar una oración.

A	B
1. El cura tenía	a. que había un ladrón en casa.
2. Lazarillo compró una llave	b. nuestro pan.
3. Lazarillo estuvo feliz	c. para el arca de panes.
4. El cura creyó	d. con el paraíso de panes.
5. Los ratones han comido	e. en una arca vieja.

8

El cura y la serpiente

Exactamente como había temido Lazarillo, el cura trató de guardar mejor los panes. Encontró unas tablillas y las clavó sobre los agujeros. Así no quedaba ningún agujero abierto. <small>**había temido** had feared</small> <small>**tablillas** boards **las clavó** nailed them</small>

Cuando el cura salió de la casa el día siguiente, Lazarillo inspeccionó el arca. Él se puso muy triste, pues ahora no podía entrar ni un mosquito. Por varios días, Lazarillo pensó en una manera de tomar más pan del arca.

Una noche mientras dormía y roncaba el cura, Lazarillo fue a la cocina y tomó un cuchillo. Entonces fue al arca vieja e hizo un agujero grande en ella y después la abrió con su llave. Desmigajó un pan, comió bastante y regresó a su cama de paja. <small>**roncaba** snored</small> <small>**cuchillo** knife</small>

Al día siguiente, el cura vio el pan desmigajado y el nuevo agujero. Muy pronto lo cubrió con otra tablilla. Durante la noche, Lazarillo hizo más agujeros y al día siguiente, el cura los cubrió con tablillas.

Por fin, el cura obtuvo una ratonera de un vecino. La armó con queso y la puso cerca del arca. Aquella noche, Lazarillo comió el pan y el queso. <small>**ratonera** mousetrap</small> <small>**queso** cheese</small>

El cura estaba desesperado. Un vecino le dijo que antes había una serpiente en la casa, y que seguramente era la serpiente la que comía el pan y no los ratones. <small>**la que** the one that</small>

¡A matar la serpiente!

El cura se alarmó mucho y por la noche no durmió tranquilamente. Ahora, siempre tenía un palo grande al lado de su cama para matar la serpiente.

palo stick, club

Una noche, el cura pensó oír la serpiente en la paja donde dormía Lazarillo. Se acercó a la paja y, con el palo grande, le dio a Lazarillo un golpe fuertísimo en la cara, pensando que había matado la serpiente.

El pobre Lazarillo fue tan mal herido que tuvo que quedarse en cama dos semanas. Mientras tanto, el cura descubrió la llave y entonces supo que Lazarillo y no una serpiente, estaba comiendo los panes.

fue...herido was so badly wounded
quedarse to remain
supo he knew

Al final de las dos semanas, el cura le dijo a Lazarillo que ya no necesitaba sus servicios. Y, dejando al muchacho en la calle, le dijo:

—Busca amo y vete con Dios.

dejando leaving
vete go

Preguntas

Contesta en oraciones completas.

1. ¿Qué hizo el cura a los agujeros?
2. ¿Qué hizo Lazarillo al día siguiente?
3. ¿En qué pensó Lazarillo varios días?
4. ¿Qué hizo Lazarillo una noche mientras dormía el cura?
5. ¿Qué hizo Lazarillo al arca? ¿Qué usó?
6. ¿Qué obtuvo el cura?
7. ¿Qué dijo un vecino?
8. ¿Con qué dormía el cura? ¿Para qué lo quería usar?
9. ¿Qué hizo el cura a Lazarillo que dormía en la cama de paja?
10. ¿Qué dijo el cura a Lazarillo cuando lo puso en la calle?

Llena los espacios

Llena los espacios con la forma apropiada del verbo.

1. El cura .... unas tablillas sobre los agujeros. (clavar — pretérito)
2. Mientras .... el cura, Lazarillo .... un cuchillo en la cocina. (dormir — imperfecto, encontrar — pretérito)

3. El cura .... una ratonera de su vecino. (obtener — pretérito)

4. Siempre .... un palo al lado de su cama para matar la serpiente. (tener — imperfecto)

5. El cura le .... a Lazarillo que ya no .... sus servicios. (decir — pretérito, necesitar — imperfecto)

9

Lazarillo encuentra su tercer amo

De pueblo en pueblo, Lazarillo fue pidiendo limosna hasta que llegó a la ciudad de Toledo. Ya no tenía trabajo.

Iba por las calles de esta ciudad cuando se encontró con un escudero que tenía la aparien- **escudero** squire cia de un gran señor. Al ver a Lazarillo, el escudero le preguntó:

—¿Muchacho, quieres amo?

—Sí, señor— le dijo Lazarillo.

—Pues, ven conmigo. Tienes buena suerte **ven** come al encontrarte conmigo— le dijo el escudero.

Lazarillo estuvo contento con su empleo y salió con su nuevo amo.

Era de mañana, y los dos pasaron por muchas calles y plazas. En varios lugares, Lazarillo vio a los comerciantes vendiendo pan, carne y otra comida. Lazarillo pensó que su nuevo amo iba a comprar algunas provisiones para el **iba a comprar** was día. Pero el escudero continuó sin comprar going to buy nada.

—Seguramente no le gusta nada de aquí— pensó Lazarillo —y quiere comprar las provisiones en otro lado.

Pero el escudero no compró nada.

Todavía no comen

A la una de la tarde, los dos llegaron a la casa del amo. El escudero abrió la puerta y entró. Adentro, la casa estaba muy oscura y no había ni sillas ni arcas, sólo había una cama y un patio pequeño.

154

Por fin, el escudero le preguntó:

—Muchacho, ¿tienes hambre?

—Sí, señor— le contestó Lazarillo. —No eran todavía las ocho de la mañana cuando usted me dio empleo.

—Pues, aunque era muy temprano por la mañana, yo había almorzado ya— dijo el escudero, —y ahora no tengo hambre. Comeremos más tarde.

había almorzado had lunched
Comeremos We shall eat

Pero Lazarillo estaba muy débil por el hambre que tenía. Pensó que nunca iba a volver a comer.

iba...comer was going to eat again

Preguntas

Contesta en oraciones completas.
1. ¿Con quién se encontró Lazarillo en Toledo?
2. ¿Cómo era este señor?
3. ¿Qué vio Lazarillo cuando los dos pasaron por muchas calles?
4. ¿Qué pensó Lazarillo que su amo iba a hacer?
5. ¿Qué compró el nuevo amo?
6. ¿A qué hora regresaron a casa?
7. ¿Era una casa bonita con muchos muebles?
8. ¿A qué hora recibió Lazarillo su empleo?
9. ¿Por qué le dijo el nuevo amo que no tenía hambre?
10. ¿Cuándo pensó Lazarillo que iba a comer?

Sí o no

Si la oración es correcta, escribe sí; si no, corrígela.
1. En Toledo, Lazarillo se encontró con un escudero.
2. El escudero compró pan y carne de los comerciantes.
3. La casa del amo estaba muy oscura.
4. El escudero almorzó después de las ocho de la mañana.
5. Lazarillo pensó que nunca iba a volver a dormir.

10

Una noche de hambre

Sentados en la casa oscura, Lazarillo y su nuevo amo comieron unos pedacitos de pan que el muchacho había pedido el día anterior. Y los dos se pasaron la tarde hablando amablemente. Cuando llegó la noche, el escudero le dijo al muchacho:

—Lázaro, de aquí a la plaza hay una gran distancia y hay muchos ladrones. Y yo no tengo nada de comer en casa porque en estos días he comido afuera. Sin embargo, no debemos salir de la casa para buscar provisiones esta noche.

—¡Qué mala suerte tengo!— pensó Lazarillo, pero dijo en voz alta, —Está bien, señor. Yo sé pasar una noche sin comer.

—Así vivirás muy sano— contestó el escudero. **vivirás** you will live **muy sano** in good health

Esa noche los dos se acostaron sin comer. La cama era un colchón duro y negro puesto **colchón** mattress sobre unos viejos bancos.

La noche fue miserable para Lazarillo, primero porque tenía hambre y, también, porque la cama era muy dura.

Al día siguiente, el amo y el criado se levantaron muy temprano. Como todavía no había provisiones en casa, no se desayunaron. **se desayunaron** ate breakfast Después de vestirse y ponerse la espada, el **ponerse la espada** to put on his sword escudero le dijo a Lazarillo:

—Voy a oír misa. Haz la cama y ve por **Haz** Make agua con la jarra. Y no te olvides de cerrar la **no te olvides de** don't forget to puerta con llave.

Lazarillo hizo todo el trabajo y después,
fue al río por agua.

Preguntas

Contesta en oraciones completas.
1. ¿Qué comieron Lazarillo y el escudero?
2. ¿Por qué no fueron los dos a la plaza para comprar provisiones cuando llegó la noche?
3. ¿Por qué no tenía el escudero nada de comer en casa?
4. ¿Qué pensó Lazarillo de la situación? ¿Qué dijo en voz alta?
5. ¿Cómo era la cama del escudero?
6. ¿Durmió bien Lazarillo? ¿Por qué?
7. ¿Cuándo se levantaron los dos al día siguiente?
8. ¿Adónde fue el escudero por la mañana?
9. ¿Qué trabajo tenía que hacer Lazarillo?
10. ¿Adónde fue Lazarillo por agua?

Escógela

Escoge la frase que completa correctamente la oración.
¡Cuidado! Puede haber más de una respuesta correcta.
1. Entre la casa del amo y la plaza
   a. hay una gran distancia.
   b. hay muchas iglesias.
   c. hay muchos ladrones.
2. Por la noche, los dos
   a. comieron una cena deliciosa.
   b. buscaron provisiones.
   c. se acostaron sin comer.
3. El día siguiente, el escudero y Lazarillo
   a. se desayunaron bien.
   b. se levantaron temprano.
   c. fueron a la iglesia.
4. Antes de salir, el escudero
   a. oyó misa.
   b. se vistió y se puso la espada.
   c. hizo la cama y fue por agua.
5. Lazarillo tomó la jarra y
   a. fue al río.
   b. fue a la plaza.
   c. fue en busca de trabajo.

11

El escudero y las dos señoritas

Lazarillo estaba llenando la jarra con el agua del río cuando vio a su amo nuevo con dos señoritas. En el verano, algunas señoritas tenían la costumbre de pasear junto al río y encontrarse con un señor que las invitara a almorzar.

pasear to stroll
junto a along, by
las invitara might invite them

Lazarillo vio a su amo flirteando con las señoritas. El escudero les dijo que él estaba enamorado de ellas y les habló mucho para darse importancia de un señor galante y rico.

enamorado de in love with

Por fin, una de las señoritas le pidió al escudero que las invitara a almorzar. Pero el escudero, como era muy pobre, no podía ni siquiera comprar almuerzo para sí mismo. Él hizo muchas excusas ridículas para no tener que invitarlas.

ni siquiera not even

Pero las muchachas sólo se rieron de él y siguieron su paseo para encontrarse con otro señor.

se rieron de laughed at

¡Pobre amo!

Desde un huerto, Lazarillo observó esta escena. Y mientras comía una verdura del huerto, pensó:

huerto garden
verdura vegetable

—Este pobre amo es más desafortunado que yo. Yo soy pobre pero no soy presuntuoso

presuntuoso presumptuous

Llevando la jarra llena de agua, Lazarillo regresó a casa para esperar a su amo. Pero éste no llegó. Y otra vez, el triste muchacho tuvo que pedir pan por las calles de Toledo. Después de dos horas, obtuvo cuatro libras de pan viejo,

libras pounds

un pedazo de uña de vaca y unas tripas coci- **uña de vaca** cow's hoof
das. Eran las cuatro de la tarde cuando volvió a **tripas cocidas** cooked
casa. Su amo lo estaba esperando. intestines

Preguntas
Contesta en oraciones completas.
1. ¿Con quiénes estaba el escudero cerca del río?
2. ¿Qué costumbre tenían algunas señoritas durante el verano?
3. ¿Qué estaba haciendo el escudero con las señoritas?
4. ¿Qué les dijo el escudero?
5. ¿Qué pidió una de las señoritas al escudero?
6. ¿Por qué no podía hacerlo el escudero?
7. ¿Dónde estaba Lazarillo mientras observaba todo?
8. ¿Qué pensó Lazarillo de su nuevo amo?
9. Cuando regresó a casa Lazarillo, ¿qué tuvo que hacer?
10. Después de dos horas, ¿qué obtuvo el muchacho?

Haz la oración
De las palabras, escribe una oración.
1. vio/señoritas/al/con/escudero/Lazarillo/dos
2. se/las/del/rieron/escudero/muchachas
3. que/es/Lazarillo/amo/pensó/desafortunado/su/y/presuntuoso
4. el/y/pan/recibió/viejo/muchacho/tripas/uña/cocidas/de vaca.
5. Lazarillo/a/cuatro/casa/regresó/las/a/de/tarde/la

12

Una cena deliciosa

Lazarillo entró en la casa tímidamente. Pensó que su amo estaba enojado con él por llegar a las cuatro de la tarde. Por eso, le mostró al escudero la comida que tenía. Pero, el amo, muy orgulloso, le dijo a Lazarillo:

—Te esperé a comer y como no llegaste, yo cené.

Entonces, Lazarillo se sentó a comer. Su amo caminaba alrededor de él, mirando la comida. Sin embargo, Lazarillo no se atrevió a ofrecer de comer a su amo, que ya había cenado.

Pero el escudero no pudo contenerse más:

—¿Comes uña de vaca?— le preguntó al muchacho.

—Sí, señor, pruébela y verá que es buena— le respondió.

—Pues, no hay mejor comida en el mundo. Vamos a ver si esta uña es tan buena como dices.

Lazarillo le dio un pedazo de uña y parte del pan.

—¡Magnífico! ¡Éste es un banquete de rey!— exclamó el escudero.

Muy contentos, los dos se acostaron y durmieron mucho mejor que la noche anterior. Ya no tenían hambre.

Por varios días, el escudero salió por la mañana y Lazarillo pidió comida de puerta en puerta. Y así el muchacho se mantuvo a sí mismo y a su amo.

mostró he showed

orgulloso proud

cené I dined

alrededor de él around him

contenerse to contain himself

pruébela try it
verá you will see

se mantuvo maintained

Preguntas

Contesta en oraciones completas.

1. ¿Qué pensó Lazarillo cuando entró en la casa y vio al escudero?
2. ¿Qué le mostró al escudero?
3. ¿Para qué esperó el amo a Lazarillo? ¿Qué hizo cuando no llegó el muchacho?
4. Mientras comía Lazarillo, ¿qué hizo el amo?
5. ¿Lazarillo le dio algo de comer al amo?
6. ¿Qué comieron los dos?
7. ¿Qué exclamó el escudero?
8. ¿Durmieron bien esa noche?
9. ¿Qué hacía el escudero por las mañanas?
10. ¿Cómo se mantuvo Lazarillo a sí mismo y a su amo?

Llena los espacios

Llena los espacios con la forma del verbo que corresponda.

1. Lazarillo .... la comida al escudero. (mostrar–pretérito)
2. El amo .... alrededor de Lazarillo. (caminar–imperfecto)
3. El muchacho no .... a ofrecer comida al amo. (atreverse –pretérito)
4. Después de comer, los dos ya no .... hambre. (tener– imperfecto)
5. El muchacho .... a sí mismo y al amo. (mantenerse– pretérito)

13

¡Viene un muerto!

Lazarillo y su amo pasaron muchos días sin comer porque las personas no le dieron limosna al muchacho. Una tarde, el escudero llegó a casa con un real en la mano.

real Spanish money

—Toma, Lázaro, y compra pan, vino y carne en la plaza.

Pero, en el camino, Lazarillo se encontró con una procesión de entierro. Varios curas iban delante de la procesión. Detrás venían cuatro hombres que llevaban al muerto. Detrás de ellos, caminaba la viuda, vestida de luto.

de entierro funeral

muerto dead person

de luto in mourning

Lazarillo oyó a la viuda exclamar:

—¡Mi esposo y señor! ¿Adónde te llevan? ¿A la casa oscura y triste? ¿A la casa donde nunca comen ni beben?

El pobre Lazarillo se asustó y pensó:

se asustó was frightened

—¡Qué desdicha! Mi casa es oscura y triste y nunca comemos ni bebemos. ¡Llevan a este señor muerto a mi casa!

desdicha bad luck

Lazarillo tiene miedo

Lo más rápido posible, Lazarillo corrió a la casa, entró y abrazó a su amo, gritando:

abrazó embraced

—¡Defienda la casa! Van a poner a un muerto en la casa. Vienen ahora.

—¿Qué me dices, Lázaro? ¿Quién nos trae un muerto?— le preguntó el escudero.

Todavía asustado, Lazarillo le dijo:

—En la calle hay una procesión de entierro y la viuda gritó: «¿Adónde te llevan, esposo y señor mío? ¿A la casa donde nunca comen ni

beben?» Y sin duda, quieren poner al muerto en esta casa.

El escudero se rió tanto de Lazarillo que **se rió** laughed no pudo hablar. Cuando pasó la procesión, nadie entró en la casa. Sin embargo, Lazarillo estaba tan asustado que no quería salir a la calle. Pero el escudero insistió, y, por fin, Lazarillo fue a la plaza donde compró pan, carne y vino con el real.

Aquella noche, amo y criado tuvieron un verdadero banquete de rey.

Preguntas

Contesta en oraciones completas.

1. ¿Por qué no comieron Lazarillo y su amo por muchos días?
2. ¿Con qué llegó el escudero a casa?
3. ¿Por qué mandó el escudero a Lazarillo a la plaza?
4. En la calle, ¿con qué se encontró Lazarillo?
5. ¿Cómo iba la viuda del señor muerto?
6. ¿Qué exclamó ella?
7. ¿Por qué se asustó Lazarillo?
8. Cuando entró en la casa, ¿qué gritó Lazarillo a su amo?
9. ¿Quién entró en la casa cuando pasó la procesión?
10. ¿Qué hizo Lazarillo por fin?

Sí o no

Si la oración es correcta, escribe sí; si no, corrígela.

1. El escudero mandó a Lazarillo a comprar pan, vino y leche en la plaza.
2. Lazarillo se encontró con una procesión de enfermos en el camino a la plaza.
3. La viuda, vestida de lujo, lloraba mucho.
4. Lazarillo pensó que iban a llevar al muerto a su casa.
5. Cuando pasó la procesión, todos entraron para rezar en la casa del escudero.

14

Se desaparece el escudero

Un día, el escudero y Lazarillo estaban hablando en la casa cuando entraron un hombre y una mujer, ambos furiosos. Ellos pidieron dinero que el amo les debía: el señor pidió el alquiler de la casa y la señora, el de la cama. Los dos le gritaron mucho al escudero.

—Está bien— les respondió el escudero, —les debo en total, doce o trece reales. No se preocupen. Voy a pagarles tan pronto como pueda cambiar una moneda de oro. Espérenme aquí un momento.

Lazarillo y los dos esperaron mucho tiempo pero no regresó el escudero. Ni el muchacho, ni el señor, ni la señora volvieron a ver al escudero.

El pobre Lazarillo, ahora sin empleo, tuvo que buscarse otro amo. Pensó:

—¡Qué suerte tengo! Generalmente, los mozos huyen de sus amos, pero mi amo huyó de mí.

ambos both

les debía owed them

alquiler rent

No se preocupen Don't worry

huyen flee

Preguntas

Contesta en oraciones completas.
1. ¿Quiénes entraron en la casa?
2. ¿Estaban los dos muy contentos con el escudero?
3. ¿Qué pidieron ellos del amo?
4. ¿Cuánto dinero les debía el escudero?
5. ¿Por qué salió el escudero de la casa?
6. ¿Qué hicieron Lazarillo, el señor y la señora?
7. ¿A quién nunca volvieron a ver?
8. ¿Por qué no?
9. ¿Qué tuvo que hacer Lazarillo?
10. ¿Por qué pensó Lazarillo que tenía mala suerte?

Escógela

Escoge la frase que completa correctamente la oración.

1. El señor y la señora pidieron
   a. la casa y la cama.
   b. dinero que el amo les debía.
   c. dinero para la comida.
2. El escudero salió para
   a. rentar una casa nueva.
   b. vender la cama.
   c. cambiar una moneda de oro.
3. Lazarillo y las dos personas
   a. esperaron mucho tiempo.
   b. salieron en busca del amo.
   c. regresaron otro día.
4. El pobre Lazarillo tuvo que
   a. pagar el alquiler de la cama.
   b. buscar al escudero.
   c. buscarse otro amo.
5. Lazarillo piensa que tiene
   a. buena suerte.
   b. mala suerte.
   c. suerte regular.

15

Lazarillo encuentra a su cuarto amo

Lazarillo tuvo que buscar a un cuarto amo. Y con la ayuda de unas vecinas del escudero, lo encontró.

Ahora, Lazarillo trabajaba para un fraile de la Merced. Era un hombre bondadoso, pero muy aficionado a caminar mucho y a hacer visitas. De él, Lazarillo recibió su primer par de zapatos pero, por caminar tanto, sólo le duraron una semana.

Aunque el fraile trató al muchacho mejor que los otros amos, Lazarillo salió de su servicio. No quería caminar más.

fraile friar
bondadoso generous
aficionado a fond of
par pair

Lazarillo trabaja con un buldero

Entonces, Lazarillo encontró a su quinto amo: un buldero. Este buldero era muy hablador. Iba de iglesia en iglesia vendiendo sus bulas. A Lazarillo le pareció que jamás había visto a un señor tan engañoso y tan sinvergüenza en toda su vida.

buldero indulgence seller
hablador talkative
bulas indulgences
engañoso deceitful
sinvergüenza shameless

Cuando el buldero entraba en un pueblo, daba primero un regalo a los padres de la iglesia. Ellos entonces decían a la congregación que debían comprar las bulas. Y cuando el buldero no podía venderlas fácilmente, buscaba otra manera de engañar a las personas.

Muy pronto, Lazarillo entendió que su quinto amo era tan listo como su primero, el ciego.

Preguntas

Contesta en oraciones completas.

1. ¿Quiénes ayudaron a Lazarillo a encontrar a un amo nuevo?
2. ¿Para quién trabajó Lazarillo?
3. ¿Qué recibió por la primera vez?
4. ¿Por qué salió Lazarillo del servicio de su cuarto amo?
5. ¿Quién fue su quinto amo?
6. ¿Cómo era el quinto amo?
7. ¿Qué pensó Lazarillo de su quinto amo?
8. ¿Qué hacía el amo cuando entraba por primera vez en un pueblo? ¿Por qué?
9. Si no podía vender las bulas fácilmente, ¿qué hacía?
10. ¿Qué entendió Lazarillo muy pronto?

Casa las palabras

Escoge una frase de la columna A y una de la columna B para formar una oración.

A	B
1. Lazarillo encontró	a. un buldero listo.
2. El fraile dio a Lazarillo	b. porque no quería caminar tanto.
3. El muchacho salió del servicio del fraile	c. bulas.
4. El quinto amo era	d. trabajo con un fraile.
5. El buldero vendió	e. su primer par de zapatos.

16

Una prueba

Una vez, en un pueblo entre Toledo y Madrid,
nadie quiso comprar las bulas. Entonces, el
vendedor invitó al alguacil a cenar en un me- **alguacil** bailiff
són. Ellos hablaban mucho. Pero después de la
cena, los dos empezaron a pelear. El alguacil
dijo al buldero que las bulas eran falsas. Al día
siguiente, en la iglesia, el alguacil volvió a acusar al buldero.

Pero con mucha calma, el buldero rezó a
Dios para probar a todas las personas presentes
de que las bulas eran verdaderas. De repente, el
alguacil se cayó al suelo haciendo ruidos como **ruidos** noises
una persona que está sufriendo mucho. Des-
pués, el buldero rezó a Dios para curar al alguacil. Y de repente, el alguacil se curó.

El buldero impresionó tanto a las personas
que todas compraron las bulas: esposas y espo-
sos, hijas e hijos, criadas y criados.

¡Pobre gente inocente!

Lazarillo también creía todo lo que había ocu-
rrido. Pero más tarde, vio a su amo y al alguacil contando el dinero y riéndose de las personas. El pobre muchacho pensó:

—¡Cuántas personas hay como ellos que se
ríen de la gente inocente!

Aunque vivía bien con este amo, Lazarillo
decidió salirse de su servicio después de cuatro
meses.

Preguntas

Contesta en oraciones completas.

1. En un lugar entre Toledo y Madrid, ¿vendió muchas bulas el buldero?
2. ¿Qué hicieron el buldero y un alguacil durante la cena?
3. ¿Qué hicieron después de la cena?
4. ¿Qué dijo el alguacil de las bulas?
5. ¿En dónde volvió el alguacil a acusarle al buldero?
6. ¿Qué hizo el buldero para probar el valor de las bulas?
7. ¿Qué le pasó al alguacil entonces?
8. ¿Quiénes compraron las bulas? ¿Por qué?
9. ¿Qué vio Lazarillo más tarde?
10. ¿Qué pensó de los dos hombres?

Haz la oración

De las palabras escribe una oración.

1. buldero/al/en/el/invitó/a/mesón/alguacil/cenar/un
2. dijo/eran/el/que/falsas/bulas/alguacil/las
3. todas/bulas/compraron/personas/las/las
4. se/el/y/de/alguacil/el/rieron/las/buldero/personas/inocentes
5. otro/a/Lazarillo/amo/buscó

17

Lazarillo, el aguador

Después de salir del servicio del buldero, Lazarillo trabajó para un hombre que pintaba panderos, y más tarde encontró trabajo como aguador.

panderos tambourines
aguador water seller

A Lazarillo le pareció bueno el trabajo de aguador. Pues, por lo menos, él tenía cierta independencia y siempre tenía suficiente de comer.

Con su burro, sus cuatro cántaros grandes y un azote, Lazarillo iba por las calles gritando:

cántaros large pitchers
azote whip

—¡Agua fresca! ¿Quién quiere agua fresca?

fresca fresh

Con el dinero que ganó como aguador, se compró ropa fina (aunque vieja) y una espada. Pero ya vestido como hombre de bien, no quiso trabajar más como aguador.

Lazarillo dejó el burro y los cántaros y entró en el servicio de un alguacil. No vivía con él mucho tiempo. Una noche, algunos prisioneros escapados les echaron fuera del pueblo al alguacil y a Lazarillo. Les tiraron piedras y trataron de pegarlos con palos.

Pero Lazarillo se escapó y decidió buscar un trabajo diferente. El trabajo con el alguacil era demasiado peligroso.

demasiado too

Lazarillo encuentra trabajo permanente

Por fin, Lazarillo encontró trabajo de pregonero. Caminaba por las calles anunciando las noticias del día: los vinos que se vendían en Toledo, los delitos de los criminales y las cosas que

pregonero town crier

delitos crimes

las personas perdían. Tan contento estuvo con el trabajo que fue pregonero el resto de su vida.

Se casa Lazarillo

Después de un tiempo, se casó con la criada de un arzobispo. Y como decía Lazarillo, se casó con ella y nunca se arrepintió.

arzobispo archbishop

se arrepintió repented

Lazarillo había tenido una vida muy difícil. Pero por fin, llegó a ser feliz. Fue amado de su esposa y sus amigos y respetado de los demás por su noble corazón.

Preguntas

Contesta en oraciones completas.
1. Después del buldero, ¿quién fue el siguiente amo de Lazarillo?
2. ¿Cómo le pareció a Lazarillo el trabajo de aguador? ¿Por qué?
3. ¿Qué usó Lazarillo en su trabajo de aguador?
4. ¿Qué hizo con el dinero que ganó?
5. ¿Por qué no continuó como aguador?
6. ¿Qué le pasó a Lazarillo en el servicio de un alguacil?
7. ¿Qué decidió hacer Lazarillo?
8. ¿En qué trabajó Lazarillo el resto de su vida?
9. ¿Con quién se casó?
10. ¿Qué llegó a ser Lazarillo después de una vida difícil?

Llena los espacios

Llena los espacios con la forma apropiada del verbo.
1. A Lazarillo le .... el trabajo de aguador. (gustar—pretérito)
2. .... por las calles gritando: ¡Agua fresca! (ir—imperfecto)
3. El muchacho .... en el servicio de un alguacil. (entrar—pretérito)
4. Las personas les .... piedras. (tirar—pretérito)
5. Lazarillo .... contento con el trabajo de pregonero. (estar—pretérito)

Spanish-English Vocabulary

Spanish–English Vocabulary

The Master Spanish-English Vocabulary presented here represents the vocabulary as it is used in the context of this book.

The nouns are given in their singular form followed by their definite article only if they do not end in **-o** or **-a**. Adjectives are presented in their masculine singular form followed by **-a**. The verbs are given in their infinitive form followed by the reflexive pronoun **-se** if it is required, by the stem-change **(ie)**, **(ue)**, **(i)**, by the orthographic change **(c)**, **(zc)**, by *IR* to indicate an irregular verb and by the preposition which follows the infinitive.

A

a to
    a cambio de in exchange for
    al principio at the beginning
    a pesar de in spite of
    a veces sometimes
abajo under, below
abogado lawyer
abordar to board, get on
abrazo hug, embrace
abuela grandmother
abuelo grandfather
abuelos grandparents
aceptado, -a accepted
aceptar to accept
acercarse (a) (qu) to get near (to)
acompañar to accompany
acostarse (ue) to go to bed
acueducto aqueduct
acuerdo resolution, determination
    de acuerdo in agreement
    estar de acuerdo to agree
acusar to accuse
adelantado, -a advanced
además besides
adobe, el unburnt brick dried in the sun
¿adónde? where?
adquirir (ie) to acquire, get
agua, el water
aguador, el water carrier
agujero hole
ahora now
al (a + el) to the

alegrarse (de) to cheer up, be glad
Alemania Germany
algo something
alguacil, el constable, police officer
algún, alguno, alguna some, any
aliado, -a ally
alimento food
alistarse (en) to join, enlist
almorzar (ue) to eat lunch
alquiler, el rental
alrededor around
alrededores, los vicinity
alto, -a high
alumno, -a student
allí there
amable friendly, kind
amar to love
ambos, -as both
americano, -a American
amigo, -a friend
amo, ama master, mistress
amor, el love
ancho, -a wide
angosto, -a narrow, close
anillo ring
antes before
antiguo, -a old, ancient
añadir to add
año year
apellido last name, surname
apenas barely, scarcely
apoyo support
aprender to learn
apurarse to worry
aquel, -la; -los, -las that; those

aquí here
árbol, el tree
arca, el chest
archiduquesa archduchess
arma, el weapon
　　arma de fuego firearm
arquitectura architecture
arrepentirse (ie) (i) to repent, re-
　gret
arroyo stream, brook
arte, el art
　　obra de arte work of art
artículo article
arzobispo archbishop
así so, thus
asiento seat
ataque, el attack
atentamente attentively
atreverse (a) to dare to
aun even, including
aún yet, as yet, still
aunque even though, though
ausencia absence
automóvil, el automobile, car
autor, el author
avanzado, -a advanced
avaro, -a greedy
aventura adventure
ayudar to help
azote, el whip
azotea flat roof of a house
azteca Aztec
azul blue

B

bailar to dance
baile, el dance
bajo under
barba beard
barco ship
bastante sufficient, enough
batalla battle
beber to drink
beisbol, el baseball
beso kiss
bestia beast
biblioteca library
bien well
blanco, -a white
bolso bag
bondadoso, -a generous, kind
bonito, -a pretty
bosque, el forest, woods
brazo arm
bueno, -a good
bula papal bull
buldero one who sells papal bulls
busca search
　　en busca de in search of
buscar (qu) to look for

C

caballero knight, gentleman
caballo horse
cacique, el Indian chief
cada each
caer IR to fall
café, el coffee; brown
caída fall, downfall
calavera skull
cama bed
cambiar to change, exchange
cambio change
　　a cambio de in exchange
camino path, route
camisa shirt
campamento camp, encampment
canción, la song
canoa canoe
cantar to sing
cántaro large pitcher
　　llover a cántaros to rain cats
　and dogs
cañón, el cannon
capital, la capital
capitán, el captain
cara face
carne, la meat
carnicería slaughter
caro, -a expensive
carrera race; career
carta letter
casa house
casarse (con) to get married (to)
casi almost
castigar to punish
catedral, la cathedral
cebolla onion
celebrar to celebrate
cenar to dine
centro center; downtown
cera wax
cerca near
ciego, -a blind
cien, ciento one hundred
ciencia science
cierto certain, sure
cima top, summit
cinco five
cine, el cinema, movies
cita appointment, date
ciudad, la city
clase, la class, kind
clavar to nail
cobardía cowardliness
cocido, -a cooked
cocina kitchen
cocinar to cook
cocinero cook
codicioso, -a greedy
coger (j) to catch, grasp, sieze

colchón, el mattress
colección, la collection
colegio school, high school
colonizador, -a colonist
color, el color
comedor, el dining room
comer to eat
comerciante, el merchant
comercio business
comida food
como like, as; since
¿cómo? how?, what?
    cómo no of course
componer IR to compose
comprar to buy
común common
con with
concebir (i) to conceive
concurso contest; crowd
condición, la condition
conducido, -a led
confesar (ie) to confess
conmigo with me
conocer (zc) to know
conquista conquest
conquistar to conquer
conservador, -a conservative
considerar to consider
consistir (en) to consist (of)
construir IR to construct
contar (ue) to tell; count
contenerse IR to contain oneself
contento, -a content, happy
contestar to answer
contigo with you
continuar to continue
contra against
converso convert
convertir (ie) (i) to convert
convocar (qu) to call together
copa cup
corazón, el heart
correr to run
corresponder to correspond
cortar to cut
cosa thing
cosecha harvest
costa coast
costumbre, la custom
creer IR to believe
criada maid
criado servant
cruzar (c) to cross
cuadro picture
cual which
¿cuál? which?
cuando when
¿cuándo? when?
cuanto, -a as much as, as many as
¿cuánto, -a, -os, -as? how much?, how many?

cuartel, el barrack
cuarto room; fourth; fifteen (in telling time)
cuarto, -a fourth
cubrir IR to cover
cuchillo knife
cuenta bill
cuento story
cuero leather
cuidar (de, a) to take care, look after
cumplir to execute, accomplish
    cumplir años to reach one's birthday
cura, el priest
curar to cure, heal
curso course

D

dar IR to give
    dar en to hit
de of, from; about
debajo underneath
deber to ought, have to, to owe
débil weak
decidir to decide
decir IR to say, tell
    se dice it is said
dedicar (qu) to dedicate
defender (ie) to defend
dejar to leave
del (de + el) of the, from the
delicioso, -a delicious
delito crime
demás rest
    los demás the others
demasiado, -a too much
demostrar (ue) to show
deporte, el sport
derecho law; right
derrota defeat
derrotar to defeat
desaparecerse (zc) to disappear
desayunarse to eat breakfast
descendiente, el descendent
descontinuación, la stopping, cessation
describir to describe
descubierto, -a discovered
descubridor, el discoverer
descubrir IR to discover
desde from, since
desdicha misfortune, calamity
desertar (ie) to desert
desesperado, -a desperate
desmigajar to crumble
despertarse (ie) to wake up
después after
desterrado, -a exiled, banished
destierro exile
destruir IR to destroy

178

día, el day
diez ten
difícil difficult
dios, el god
dirección, la address; direction
discurso speech
disparar to shoot
distancia distance
divertido, -a fun, amusing
doce twelve
doctor, el doctor
doler (ue) to hurt, feel pain
domingo Sunday
dominio rule
donde where
¿dónde? where?
dormitorio bedroom
dos two
durante during, while
durar to last

E

e and
echar to throw, throw out
   echar a pique to sink
edificio building
Egipto Egypt
ejecutar to execute
ejemplo example
ejército army
el the
él he, him
ella she, her
emocionante exciting
emperador, el emperor
emperatriz, la empress
empezar (ie) (c) to begin
empleo work
en in, on
enamorarse (de) to fall in love (with)
encontrar (ue) to find, meet
encontrarse (con) (ue) to meet, come across
enemigo, -a enemy
enfermedad, la sickness
enfermo, -a sick
enfrente in front, opposite
engañar to deceive
enojarse to become angry
enseñar to teach, show
entierro burial, funeral
entonces then
entrada ticket, entrance
entrar (en) to enter (into)
entre between
equipaje, el baggage
escapar to escape
esclavo slave
escoger (j) to select, choose

escribir to write
escuchar to listen
escudero page, squire
escuela school
ese, esos, esa, esas that, those
espada sword
español, el Spanish, Spaniard
especial special
especialmente especially
esperar to hope, wait
espeso, -a thick
esposa wife
esposo husband
establecer (zc) to establish
estado state
estadounidense United States' citizen
estampilla stamp
estar *IR* to be
este, el east
este, estos, esta, estas this, these
estilo style
estudiar to study
estudio study
excepto except
exclamar to exclaim
experiencia experience
extender (ie) to extend
extranjero, -a foreign, foreigner
extraño, -a strange

F

fábrica factory
falta lack
faltar to be wanting, to lack
familia family
famoso, -a famous
favor, el favor
favorito, -a favorite
feliz happy
feo, -a ugly
feroz fierce
ferrocarril, el railroad
fiesta party
figura figure
fijarse (en) to take notice of, pay attention
fin, el end
   fin de semana weekend
flaco, -a skinny
flirtear to flirt
flota fleet
flotante floating
fotografía photograph
fraile, el friar, monk
francés, el French, Frenchman
frente, la forehead
frontera border, boundary
fuera away, outside
fuerte strong

fuerte, el fort
fuerza force, strength
fundación, la founding
fundado, -a founded
fundar to found
futbol, el football, soccer
futuro, -a future

G

gabinete, el cabinet
ganar to win; earn
   ganarse la vida to earn a living
generalmente generally, usually
gobernador, el governor, ruler
gobierno government
golpe, el blow
gracias thanks, thank you
grado degree
grande big
Grecia Greece
gritar to shout
guerra war
guerrero warrior
gustar to be pleasing
gusto pleasure

H

haber *IR* to have
había there was, there were
habitante inhabitant
habitar to inhabit
hablador, -a talkative
hablar to speak, talk
   de habla española Spanish-speaking
hacer *IR* to make, do
   hacer caso de to pay attention to
   hacer las paces to make peace
hacerse *IR* to become
hacia toward
hacienda ranch
hambre, el hunger
   tener hambre to be hungry
hasta until
hay there is, there are
helado ice cream
herido, -a wounded
hermana sister
hermano brother
hermoso, -a beautiful
héroe, el hero
heroísmo heroism
hierba herb
hija daughter
hijo son
historia history
hoguera bonfire
hombre, el man
honor, el honor

hora hour
hostil hostile
hoy today
hubo there was, there were
huerta orchard
huerto fruit or vegetable garden
huir *IR* to flee
humano human
   ser humano, el human being
humilde humble, modest

I

idioma, el language
iglesia church
ilustre illustrious, celebrated
imperio empire
importancia importance
importante important
importar to be important; matter
impresionar to impress
industria industry
Inglaterra England
inglés, el English, Englishman
inmediatamente immediately
instrucción, la training, instruction
inteligente intelligent
intención, la intention
interés, el interest
interesante interesting
interior inside, interior
intérprete, el, la interpreter
invadir to invade
invierno winter
invitar to invite
ir *IR* to go
Irlanda Ireland
irse *IR* to go away

J

jardín, el garden
jarra earthen jar
joven young
jóvenes, los young people
juego game
juez, el judge
jugar (ue) (gu) to play
juicio judgment
junio June
junto near, close to

L

la the
ladrillo brick
lago lake
lápiz, el pencil
largo, -a long
lavar to wash
le him, her, you (indirect object)

le, lo, la; les, los, las you (s.);
   you (pl.)
leche, la milk
leer *IR* to read
lejos far
lengua language
leña wood, firewood
ley, la law
leyenda legend
libra pound
libre free
libro book
limosna alms, charity
   pedir limosna to beg
lindo, -a pretty, beautiful
lista list
listo, -a ready, prompt; clever
   estar listo, -a to be ready
   ser listo, -a to be clever
lo, la him, her, it
loco, -a crazy
   volverse (ue) loco to go mad
luego soon, by and by
lugar, el place
lunes, el Monday
luto mourning

LL

llamada call
llamar to call
   llamar a la puerta to knock on
   the door
llamarse to be named
llanta tire
llave, la key
llegada arrival
llegar (gu) to arrive
   llegar (gu) a ser to become
llenar to fill
lleno, -a full
llevar to carry; wear
llorar to cry
llover (ue) to rain
   llover (ue) a cántaros to rain
   cats and dogs

M

madre, la mother
maduro, -a ripe
magnífico, -a magnificent
maíz, el corn
mal evil, bad
malo, -a bad
mamá mother
mandar to send
mando command
manera manner, way
mano, la hand
mantener (ie) *IR* to maintain

mañana morning; tomorrow
mapa, el map
mar, el sea
marcha march
marino sailor
mariposa butterfly
martes Tuesday
más more
masa mass
   en masa en masse
matar to kill
mayo May
mayor greater, principal
me me
médico doctor
mejor better
memoria memory
menor less
   hermano menor younger brother
menos less
mensajero messenger
mercado market
mes, el month
mesa table
mesón, el inn
meter to put in
   meter la pata to stick one's foot
   in one's mouth
mi my
mí me
miedo fear
   tener miedo (de, a) to be afraid
   (of)
miembro member
mientras (que) while, as
mil, el thousand
militar military
misa mass
misionero missionary
mismo, -a same
mitad, la half
moderno, -a modern
molestar to bother
molinero miller
molino mill
momento moment
moneda coin
montar to mount, ride
morir (ue) (u) to die
moro Moor
mostrar (ue) to show
motocicleta motorcycle
mozo servant
muchacha girl, young person
muchacho boy, young person
mucho, -a much, many
muebles, los furniture
muerte, la death
mundial world (adj.)
mundo world

música music
muy very

N

nacer (zc) to be born
nacido born
nación, la nation
nada nothing
nadie no one, nobody
nariz, la nose
natación, la swimming
naturalmente naturally
navegación, la navigation
necesitar to need
negro, -a black
ni neither, nor
   ni...ni neither...nor
   ni siquiera not even
ninguno, -a none
niña girl
niño boy
noche, la night
nombrar to name
nombre, el name
norte, el north
nos us
nosotros, -as we; us
notar to notice
noticia information, news
novela novel
noviembre November
novio sweetheart, fiancé
novia sweetheart, fiancée
nuestro, -a our
nuevo, -a new
número number
nunca never

O

o or
obra work
   obra de arte work of art
obtener (ie) IR to obtain
ocasión, la occasion, opportunity
ocurrir to occur, happen
ocho eight
odiar to hate
oeste, el west
oferta offer
ofrecer (zc) to offer
oír IR to hear, listen
ojo eye
once eleven
oportunidad, la opportunity
oración, la prayer
orden, el order
   a sus órdenes at your service
orgulloso, -a proud

oriental eastern
origen, el origin
orilla shore
oscuridad, la darkness
oscuro, -a dark
otoño, el autumn, fall
otro, -a other, another
   otra vez again

P

padre, el father, priest
pagar (gu) to pay
país, el country, nation
paja straw
palo stick
pan, el bread
pandero tambourine, paper kite
papá, el father
par, el pair
para for, towards, in order to
paraíso paradise
parecer (zc) to seem
parecerse (zc) to look like, resemble
pared, la wall
pariente, el relative
parque, el park
parte, la part
particular private, individual
partido game; party (political)
pasado, -a past
pasar to pass, spend, happen
pasatiempo pastime
pasear to take a walk, stroll
pastor, el pastor, clergyman
pata foot and leg of animals
   meter la pata to stick one's foot
   in one's mouth
pedazo piece
pedir (i) to ask for
   pedir limosna to beg
pegar to strike, hit
pelear to fight
película film, movie
peligroso, -a dangerous
pelo hair
pensar (ie) to think, plan
peor worse
pequeño, -a little, small
perder (ie) to lose
pérdida loss
perfectamente perfectly
periódico newspaper
pero but
perro dog
persona person
personaje, el character
pesar el grief, regret
   a pesar de in spite of
pie, el foot

piedra rock, stone
pierna leg
pique, el offense
    echar a pique to sink
pirámide, la pyramid
piso floor
placer, el pleasure
plan, el plan
plata silver; money
playa beach
pluma pen
población, la population
pobreza poverty
poco, -a little, limited, few
poder (ue) to be able to
poderoso, -a powerful
poeta, el poet
político, -a political
poner IR to place, put
ponerse IR to become; put on
por by, on behalf of, through, be-
    cause of
    por fin finally
porque because
¿por qué? why?
posible possible
practicar to practice
práctico, -a practical
preferido, -a preferred
preferir (ie) to prefer
pregonero town crier
pregunta question
preguntar to ask
preocuparse (de) to worry (about)
preparar to prepare
presentar to present
presidente, el president
presuntuoso, -a presumptuous
primer, -o, -a first
principal principle, main
principio beginning
    al principio at the start, begin-
    ning
probar (ue) to test; try on; prove;
    taste
proclamar to proclaim
promesa promise
prometer to promise
pronto promptly, quickly
pronunciar to pronounce
propio, -a own
proponer IR to propose
proteger (j) to protect
próximo, -a next
público, -a public
pueblo town, village
puente, el bridge
puerta door
puerto port
puesto stand, position, post
punto point

Q

que that, who, which, what
¿qué? what?
quedar to be left, be located
quedarse to stay, remain
quejarse to complain
quemar to burn
querer (ie) IR to want, wish, love
querido, -a dear
queso cheese
quien who, which
¿quién? who?
quinto, -a fifth
quizá, quizás perhaps, maybe

R

racimo bunch of grapes, cluster
raíz, la root
rápido fast, rapid
rato short time; little while
ratón, el mouse
ratonera mousetrap
raya stripe
raza race
razón, la reason
    tener razón to be right
real former Spanish silver coin
recibir to receive
reconstruir IR to rebuild
reemplazar (c) to replace
regalo gift
región, la region
regresar to return
rehusar to refuse
reino reign
reírse (i) to laugh at
relación, la relation
relámpago lightning bolt
reloj, el clock, watch
remedio remedy
rendición, la surrender
repente sudden movement, unex-
    pected event
    de repente suddenly
representado, -a represented
resolver (ue) to resolve, decide
responder to answer
resultado result
resultar to follow, result
retirada retreat
reunión, la meeting
reunirse to meet
rey, el king
rezar (c) to pray
rico, -a rich
rincón, el corner
riqueza richness
robar to steal
rojo, -a red

roncar (qu) to snore
ropa clothing
rosado, -a pink
rubio, -a blond
ruido noise
ruinas ruins

S

sábado Saturday
saber *IR* to know
sacar (qu) to take out, bring out
sacerdote, el priest
saco sack
sala living room
salchicha sausage
salir *IR* to leave
saltar to jump
salud, la health
saludar to greet
sano, -a healthy
satisfacción, la satisfaction
sed, la thirst
seguir *IR* to follow
según according to
segundo, -a second
seguro, -a sure
    estar seguro to be sure
seis six
semana week
    fin de semana weekend
sentarse (ie) to sit down
sentido consciousness, sense
sentir (ie) (i) to feel
sentirse (ie) (i) to feel (well, bad, happy, etc.)
señor sir, Mr.
señora lady, Mrs., Ms.
señorita young lady, Miss, Ms.
septiembre September
ser, el being
    ser humano, el human being
ser *IR* to be
    llegar a ser to become
serpiente, la serpent
servidor, -a servant
servir (i) to serve
sesenta sixty
si if
sí yes
siempre always
siglo century
significar (qu) to mean
siguiente following
silbar to whistle
silbido whistle
silla chair
sin without
    sin embargo however, nevertheless
sino but, except

sinvergüenza, el scoundrel, brazen
sitiar to besiege
sitio siege
sobre, el envelope
sobre over; about; on
sol, el sun
solamente only
soldado soldier
solo, -a alone, single; only
sólo only, solely
soñar (ue) to dream
sopa soup
sorpresa surprise
su, sus his, her, your, its, their
suceso event, happening
sucio, -a dirty
sudoeste, el southwest
Suecia Sweden
suelo floor, ground
sueño dream
suerte, la luck
sufrimiento suffering
sufrir to suffer, endure
Suiza Switzerland
supersticioso, -a superstitious
sur, el south

T

tabla board, plank
tal such, as, so
también too, also
tampoco neither, not either
tan so, so much, as much
    tan...como as...as
tanto, -a so much, as much
    tanto...como as much...as
tarde, la afternoon
tarde late
te you
teatro theater
tela cloth, material
teléfono telephone
temblar (ie) to tremble
temer to fear
templo temple
tener *IR* to have
    tener—años to be—years old
    tener ganas (de) to want (to)
    tener miedo (de, a) to be afraid (of)
    tener que to have to
    tener razón to be right
tercer, -o, -a third
terminar to end, finish
tesorero treasurer
tesoro treasure
tiempo time; weather
tienda store
tierra land
tinta ink

tirar to throw
tocar (qu) to touch
    tocar a la puerta to knock
todavía still, yet
todo, -a all
tomar to take; drink
tonto, -a stupid, foolish
tormenta storm
toro bull
trabajar to work
trabajo work
traer *IR* to bring
traición, la betrayal
tranquilo, -a quiet, tranquil
tratar to try; treat
travieso, -a mischievous
trece, el thirteen
treinta thirty
tres, el three
tribu, la tribe
tripa intestine
triste sad
trueno thunder
tú you
tu your
turista, el tourist
Turquía Turkey

U

último, -a last
un, uno, una a, an
único, -a only
unir unite, join
uno, una one
unos, unas some
uña nail, hoof, claw
usar to use
usted, ustedes you
uva grape

V

vaca cow
vacación, la vacation
    de vacaciones on vacation
valiente brave
varios, -as various

vasallo vassal
vecino, -a neighbor
veinte twenty
vender to sell
venganza revenge
venir *IR* to come
ventana window
ver to see
verano summer
veras truth, reality
    de veras really, indeed
verdad, la truth
verdadero, -a real, true
verde green
verdura vegetable
vestido dress
vestirse (i) to dress, get dressed
vez, la time
    a veces sometimes
viajar to travel
viaje, el trip
vida life
viejo, -a old
viernes Friday
vino wine
visita visit
visitar to visit
vista view, sight
viuda widow
vivir to live
volcán, el volcano
voltear to turn around
volver (ue) to return
    volver a — to — again
    volver en sí to come to
volverse (ue) to become
    volverse loco to go mad
voz, la voice

Y

y and
ya already; finally, now
yo I

Z

zapato shoe